U0348469

脱颖而出

职场新人第一课

赵昂　维卡 —— 著

机械工业出版社
CHINA MACHINE PRESS

本书专为初入职场的新人量身打造，堪称职场生存的必备指南。它从角色蜕变、能力展现、价值提升和人脉助力四个方面，全面而细致地梳理了职场新人可能遭遇的问题与挑战。通过生动的案例，本书深入浅出地阐释了如何构建正确的职场思维，制定切实可行的职业规划，并在日常工作中充分展现个人价值。

同时，书中还详细传授了提升社交技巧、建立优质职场关系的秘诀，帮助你在职场中稳步前行。此外，本书特别强调了自我成长的重要性，鼓励职场新人不断学习、不断进步，成为自己职场生涯中最坚实的后盾。

无论你是即将踏入社会的毕业生，还是已经在职场中摸爬滚打一两年的新人，甚至你已在职场打拼多年，本书仍能带给你全新的视角和深刻的启示，为你提供宝贵的经验和实用的建议，助你在职场中脱颖而出。

图书在版编目（CIP）数据

脱颖而出：职场新人第一课 / 赵昂，维卡著. — 北京：机械工业出版社，2024.5
ISBN 978-7-111-75639-2

Ⅰ.①脱… Ⅱ.①赵… ②维… Ⅲ.①职业选择
Ⅳ.①C913.2

中国国家版本馆CIP数据核字（2024）第076073号

机械工业出版社（北京市百万庄大街22号 邮政编码100037）
策划编辑：王淑花　　　　　　责任编辑：王淑花　仇俊霞
责任校对：张勤思　刘雅娜　　责任印制：张　博
北京联兴盛业印刷股份有限公司印刷
2024年6月第1版第1次印刷
145mm×210mm·9.25印张·1插页·173千字
标准书号：ISBN 978-7-111-75639-2
定价：69.80元

电话服务　　　　　　　　　　网络服务
客服电话：010-88361066　　　机 工 官 网：www.cmpbook.com
　　　　　010-88379833　　　机 工 官 博：weibo.com/cmp1952
　　　　　010-68326294　　　金 书 网：www.golden-book.com
封底无防伪标均为盗版　　机工教育服务网：www.cmpedu.com

PRAISE

对本书的赞誉

从初入职场的思维转变、人际关系处理，到工作能力的提升，再到未来职业规划与职业发展，《脱颖而出：职场新人第一课》以"干货＋实例"的形式，直击职场新人在工作中经常遇到的痛点与难点，为刚刚迈入职场大门的新人提供宝贵的经验和智慧。正如书中所言——"成为你自己，成就你自己"，本书既是职场基本规则的说明书，又是职场基础能力的入门指导书，让怀揣梦想、渴望在职场中脱颖而出的新人实现角色蜕变，成为更好的自己，在职场上发光发热。

——大连市人力资源服务产业园总经理　陈廷斌博士

本书不愧为业内首屈一指的生涯发展专家和有着超过 20 年从业经历的外企资深人力资源主管联合出品的杰作。一本书讲透初入职场时，从底层思维到日常行为，所需关注的方方面面。而这些点，正是企业招聘和人才发展所最为看重的：

在思维层面上，不再被动等待"标准答案"，而是主动学习，主动沟通，主动迎接挑战；遇到困难时，不只会自己死磕，还能团结各方，协调资源，更高效地解决问题；在应聘或日常会议前，能够换位思考，想对方之所想，充分准备，及时沟通调整；在日常工作中，勤恳好学，平凡小事也能做得漂亮，还能不断"打怪升级"。

试问这样的职场新人，哪个部门不欢迎？哪个领导不喜欢？我尤其喜欢书中大量鲜活的职场案例，就像电影镜头，用一件件职场小事，呈现出在不同视角下、不同角色背后的期待、担心和思考，令我这个职场"老"人也很受启发。

此外，书中关于好工作的标准、职业规划、职场探索、兴趣与优势的内容，同样也适用于面临职业发展和选择困惑的职场"熟"人。多希望这本书能早些年就出版，这样我自己也能少走一些弯路了。

——思爱普（中国）软件系统有限公司成都分公司产品专家　冯天雨

人才培养是企业发展的第一要务，作为一家劳动密集型企业，人才的选用育留是推动企业发展的关键。本书用最简单易懂的语言，从不同的角度剖析职场新人的角色定位、心态变化及思维方式，快速帮助新人实现职场跃迁；从"道、法、术、器"各维度阐明了"为什么要做""要如何做""有什么工具可以用""如何评估效果"，在很大程度上帮助新人提升职业能力；将传统的职业生涯规划实践与当下行业、职业现状有机结合，帮助新人创造职场价值。

强烈推荐此书给渴求自我成长及追求美好未来的读者，本书内容不仅对于职场新人大有裨益，同时对于大多数寻求突破的个体更是有着巨大的价值。

——觅云云南菜品牌创始人　唐晶敏

年轻的读者，你们知道自己有多么幸福吗？虽然市面上有很多指导我们职业发展的书籍，但是这本《脱颖而出：职场新人第一课》着实令我眼前一亮。作为一名职场人，我也曾专注于职业发展及个人成长的分享，但像赵昂老师和维卡老师这样面面俱到地为职场新人开启第一课的行为，着实令我由衷地钦佩。这本书分享了从完成角色蜕变，到展现能力，再到淬炼能力、实现资源整合过程中的每一处细节。点点滴滴都是我们职场生活的真实写照，更凝聚了作者作为过来人的良苦用心。这是一本能够助力职场新人应对纷繁职场的百宝书，让初入职场的你，从思维到行动都能够有的放矢。能够读到它，是幸福和幸运的。

——利勃海尔机械（大连）有限公司人力资源经理　王颖

本书站在读者的角度剖析职场乃至职业生涯的真相，内容既不"浅显幼稚"，也不"故作高深"。不"浅显幼稚"在于逻辑升维，不安慰、不灌鸡汤，用长远的发展思路把职场里不变的道理讲给你听；不"故作高深"在于脚踏实地，场景真实、方法实用，分享了大量初入职场时会遇到的各类问题的解决方法。沿着这些思路和方法实践，不但不会走弯路，还会比同龄人领先更多，强烈推荐给每一位年轻人。

——大连微盟人才管理咨询有限公司总经理　徐溶蔚

自从《脱颖而出：职场新人第一课》的书稿到手，已经读了数遍。这本书视野比较开阔，不仅对于职场新人有很好的指导意义，而且对于大部分想在行业内脱颖而出的职业经理人，也有很大的指引作用。通过对书中所展示的原则、标准的分析，能够使得初入职场者意识到新角色的转换，在不断的工作进阶中探索并寻找到热爱和意义，提升自身的学习力、洞察力、社交力、专业能力等拓展创新的筹码。书中通过"被看见"的能力，深入浅出地阐明了职场新手在融入团队、展示自我、汇报工作等环节的方法与技巧，并在书中进一步提炼了"如何练就完美做事之本领"，使得读者能够身临其境地锚定个人目标。此外，作者还在书中帮助职场新人寻觅职业生涯的贵人，努力成为有价值的连接者。

总体来说，这本书顺应当代职场新人的需要，是指引他们走向成功、实现自身价值的好书。

——福建瑞德康医疗科技有限公司总经理　邹春华

作为一名职场新人，如果未来你想成为职场上真正的主角，成就更好的自己，一定要精读这本关于职场发展的指导书。这本书从宏观上教给你方向，从微观上教给你方法，助你在工作环境中，积极发挥自己的优势，持续增强自己的职场实力。

当然，这本凝结作者丰富的职场智慧和人生阅历的书籍，不仅适合职场新人对照学习，同时也非常适合职场老兵用于自我检视与对标。

让我们一起品读这本好书并付诸实践，收获成长，脱颖而出！

——一碑网络科技有限公司副总经理　洪小加

《脱颖而出：职场新人第一课》这本书为初入职场的新人提供了非常适用且落地式的指导方案。本书详细地阐述了如何做好初入职场的角色转变，快速融入团队，适应全新的环境，如何把工作做好，并让职场贵人来为自己的职业生涯保驾护航，从而做到真正的脱颖而出。

书中提供宝贵经验的同时，还介绍了实用的工具，例如打造靠谱的闭环管理，而且是持续上升的闭环，这与企业日常管理中的 PDCA 循环管理法思路相契合，真正为职场新人提供了职场的方法论。另外，书中引入了大量的生动案例，这样更利于新人的理解。

作者在书中构建了完整的知识体系，介绍了大量的实用方法和生动案例，并且与实际的企业工作环境相吻合，对职场新人来说，是一本真正的好书。

——本特勒汽车系统（福州）有限公司运营管理负责人　钟文华

很多职场新人不知道如何在职场中生存以及更好地打拼，我推荐《脱颖而出：职场新人第一课》这本书。国内知名职业生涯专家赵昂老师和资深人力资源主管维卡老师深谙职场规则，洞悉职场法则，在书中介绍了职场新人从入职到入行，乃至成为行业大咖的完整路径。书中的案例都是当下职场中的经典实例，具备极强的实践指导性。

本书堪称职场新人的指南针，强烈推荐给你。

——福建亿榕信息技术有限公司高级项目管理师　陈佳

PREFACE

序 言

成为你自己，成就你自己

人生中，总有那么几步特别关键。只是，这关键的几步，并不是很多人以为的"关键选择"，而是"关键阶段"。

大学毕业，进入职场，就算是一个"关键阶段"。

在我刚大学毕业那会儿，有很多的确定性：首先，一般要延续所学专业的确定性，我的专业是计算机科学，基本是去企业、学校、机关、事业单位，同学们大抵做的也都是相关工作，好像和专业不沾边儿的话，就"离经叛道"了；其次，一般也会延续地域的确定性，如果不回老家，就留在省会，如果出省，一般也是读研究生居多，而到外省工作的人，比例很小；在每个人心里，也还会有一个规划的确定性，大家内心都在盘算着，考研、晋升、涨薪，什么时候可以买上房子，什么时候结婚，什么时候生子。然后，很多人就会在种种确定性中拼搏着，焦虑着，也迷茫着。

碰巧，那时候的我没有遵循这样的确定性。刚开始的那两年，还装模作样地循规蹈矩，之后，我就开始给自己"创造"不确定性了。我换了不同于大学所学专业的工作，还不止一次。我离开了读大学的城市，离开了家乡，不远千里。我对未来毫无"规划"，开始不知所措。这样的不知所措一直持续到进入职场十年之后，我才因为找到了热爱的方向，而逐渐心安。

然后，因为做"生涯发展咨询"这样助人的工作，而再次目睹了不同时代下，和当年的"我们"有着同样迷茫、类似焦虑的年轻人进入"职场新人"这个"关键阶段"。机会多了，可能性也多了，限制少了，也更自由了。可是，问题困惑似乎一点也不少。他们不确定要不要考研，不确定怎么选择第一份工作，不确定如何规划未来的发展路径，不确定在不同场合下的得体表达，不确定工作日常中的恰当沟通，不确定如何努力，不确定怎么看到自己的成长。

种种不确定之中，有抱负，也有忧虑；有安心，也有担心；有不甘，也有不屑；有迷茫，也有恐惧。好在，年轻人都有资本，年轻、热情、信息、视野。幸运的是，好多年轻人也还有资源，大不了做个"全职儿女"，也能换来衣食无忧。于是，"内卷"和"躺平"成为热门词。其实，初入职场的年轻人都只是在用具备时代特色的方式表达着——不知所措。

这些年来，我很幸运，一直在做着自己热爱的工作。我幸运地看到了很多人（从十几岁到五十几岁都有）咨询之后，听课之后，一扫迷茫和焦虑，找到了自己的方向，坚定了发展的信念，升级了认知的方法，喜悦而洒脱地冲进了生活。

我又一次想到了初入职场的"关键阶段"。我很想帮帮这些初入职场，带着兴奋和冲劲，又有些不知所措的年轻人。当年，我从迷茫的泥沼中走出的时候，就这样想过。慢慢地，这个想法成了我的一个梦想：**帮助人们少走弯路，用大好年华成就自己，成为自己所爱的样子**。能有机会和我面对面咨询的人，毕竟是少数，于是，这些年来，我把重心转到了写作上。希望可以写出启迪心智、打开心灵的文字，让更多人因此而改变。

遇到维卡，是写出这本书的缘分。我还记得四年前，她因为找不到工作的价值，想要计划退休但又心有不舍的样子。后来，在我的课上，她终于发现，原来，自己本就是一个大宝藏：身为外企管理者，二三十年的职场经验，人力资源的工作内容，以及乐于分享、希望助人的热情。这些宝藏一经发现，维卡就像迎来了春天一样，活得朝气蓬勃：她开始创新地挖掘工作价值，本以为摸到了职业天花板却又获得破格晋升；主动拓展人际关系，绽放的能量让多年好友惊讶；开始做培训，开始写专栏。

维卡在"昂 sir 人生"公众号上开过一个职场专栏——"卡姐有约"。等她写完了 50 篇专栏文章的时候，我试探着问她：一起写本书啊？她谨慎地同意了。我知道，她想写书，因为这意味着一种新的人生突破；她也能写书，因为见识足够多，体验足够深。只是，和很多"职场新人"一样，写书这件事，她从未做过，担心出错。碰巧，我写过几本书，还有咨询经验；碰巧，我还有"支持更多人成就自己"的梦想。那么，对于我来说，支持维卡一起写书，就有了新的意义：写一本书，不仅是支持读者，也是支持作者。

这本书最终由我和维卡共同完成，并由我进行全书最后的调整，以保证风格一致。

我们知道，不管多么不知所措，年轻人都不想"被教育"。毕竟，这是自己的人生，即便走错，也不愿成为别人的牵线木偶，不愿走别人"规划"出来的路。不管哪个时代，年轻人的这个想法都是一样的。在我看来，这不是叛逆，而是生命本来的意义。

我们也不想成为一个絮絮叨叨的说教者，只想从每个职场新人都可能遇到的一些"问题"出发，提出我们的观察和建议，让读到这本书的你，可以多一些思考的维度，多一些借鉴的方法。就像是经历了多年打拼、饱经沧桑的学长校友，坐下来和你一起喝杯茶，真诚地聊聊职场，谈谈人生。

通过这本书，我们只有一个心愿：希望看到这本书的你，可以成为你自己，成就你自己，可以脱颖而出。

赵昂

2024 年 1 月 2 日

CONTENTS
目 录

第二章

被看见，是一种能力

第三章

靠谱做事，提升自我价值

第四章
让职场贵人为你而来

CHAPTER ONE

蓄势待发，
完成角色蜕变

01
一定要搞清楚的两种思维 /

人生的五种时刻

不管是否对人生做过规划，不论是否有意识进行调整，人生中总会有那么几次角色转变的关键时刻让人想起来便兴奋不已，经历后便刻骨铭心。

第一种时刻，是在小时候，第一次进入幼儿园，或者开始上小学的时刻。或许自己会不记得那时的情景，但是送自己上学的家长们都会清晰记得分离的那一幕。这时候，你就不再只是父母长辈的孩子了，还是老师的学生，小朋友的同伴。

第二种时刻，是从学校进入职场，进入社会的时刻。如果说，当手捧毕业证离开校园的时候，心里更多的是恋恋不舍。那么，当真的穿着职业装，戴上工牌，坐进工位的那一刻，可能更多的感觉就是五味杂陈了。

第三种时刻，步入婚姻殿堂，或者进入状态稳定的二人世界的时刻。这时候有很多值得回忆的仪式感，求婚、领证、婚礼……有人因为这些仪式感而感到幸福，也有人因为这些仪式感而心生隐隐恐慌。

第四种时刻，初为人父母的时刻。不管是产房内的努力，还是产房外的焦虑，孩子的一声啼哭，都会让人喜极而泣。这时候，有人成了孩子爹，有人成了孩子妈。

第五种时刻，与老人告别的时刻。不管是在病床上，还是殡仪馆，那一刻，人们才忽然意识到什么是"诀别"。和这个世界的一种紧密连接被生生割断，从此，人生中少了一份牵挂，多了一份怀念。

每个人都有自己独特的人生。或许，人生中会有更多不同的重要时刻，这五种时刻只是丰富人生的一部分。或许，也不是每个人都一定会经历以上这些时刻。然而，上面这五种时刻却有着一个共同的特点，它们在提醒着人们：**角色变化了**。

是啊，你会成为有学习成长任务的学生；成为需要独立承担责任、可以养活自己的职场人；成为要对更多人负责的别人的伴侣；成为需要开始呵护一个生命的父母；一直到，不再是别人的"孩子"。这中间，角色或增加，或减少。每一次角色的变化，都意味着一次蜕变。

在这些角色转变之中，从学生转变为职场人是最能彰显一个人社会性的一种蜕变。这种蜕变，既不依赖于生老病死的自然规律，同时，又需要一个人突破原有关系特点的圈子，进入另外一个完全陌生的，以社会价值交换为基础的新圈子，进入新角色，建立新关系，排列新序位。

对一些人来说，这样的蜕变，令他们兴奋，所以早早做好了冲刺的准备；对另外一些人来说，这样的蜕变，令他们不安，于是，就一再拖延面对新世界的时间。

然而，不管是考研、考公，还是考编，即便是读到博士，也终究是要进入社会角色的；即便是做了"全职儿女"，也终究需要独立生活。

既然需要面对，那就该早做准备。只是，我们的教育中教会了知识，传授了技能，教会了如何应对各类职业考试，通过各类资格认证，甚至连简历怎么写，面试如何答都教了。偏偏很少有人告诉你：进入职场之后怎么做，角色如何转变。

这中间藏着一种假设：只要把你送到职业岗位上，我分管的这一段就已经完成了任务，接下来，就把你交给职场了。而很多懵懵懂懂刚出校门的学生，将要面对的最大挑战，不是职业能力提升，而是要切换与之前人生阶段完全不同的思维模式。适应不了这种变化的，就在这时候开始迷茫了。

两种思维决定不同命运

一个学生，进入职场，就成了职场人。这种身份角色的变化，不仅仅只是表面上看到的生活作息变化或者工作内容变化，最深层的是，学生思维和职场人思维的截然不同。

作为学生，关注的是知识获取与理解，关注的是具体学习问题的解决，关注的是逻辑思维的训练，是要在学习过程中实现个人成长，是为未来的发展做准备。而职场人所聚焦的工作目标，不再是假设的、理想化的状态，而是真实场景下的具体问题。职场人需要关注老板的要求，客户的需求，企业的价值，需要不断沟通，实时分析，总结复盘。职场人重视特定领域内的经验和跨领域的能力。

两种角色所面对的问题、场景、压力、挑战完全不同，即便有人的职业是做研究、当教师，身处学校、科研机构这种和学生身份相差不多的环境之中，也同样需要面对周围人际关系的调整，以及相应的价值观调整、行为方式变化。

小王是一名市场营销专业的大学生，他在大学期间就积极参与各种社团活动和实践项目。大四的时候，他在一家广告公司实习。毕业后，他通过客户关系进入了原来在广告公司所服务过的甲方——一家知名企业的市场部门工作。在工作中，他运用自己的专业知识和实践经验，为公司制订了一份成功的市场推广计划。这个计划得到了公司领导的高度认可，他也因此得到了晋升和加薪。

小李是一名计算机专业的学生，大学期间参与各类项目，实习的时候进入一家软件开发公司，积累了工作经验。毕业后顺利进入一家创业型互联网公司，然后，大显身手，短时间内开发出了高质量软件。获得市场和老板的认可，升职加薪。

于是，有人就会想，看来，对于大学生来说，实习很重要，积累经验很重要。可是，真正从这个阶段走过来的人，一边点头，一边内心也在盘算着自己的疑问：难道，这样就可以了吗？我怎么没有这么幸运？

小张是一名设计专业的大学生，他在大学期间就非常有创意和想象力。毕业后，他进入了一家广告公司工作。在工作中，他的想法虽然很新颖，但是往往不符合客户的要求和公司的标准。他经常固执己见，不愿意听取同事和上级的意见和建议。最终，他在公司的人际关系方面遇到了很大的障碍，不得不离开了这家公司。

你知道的，如果把姓名换一换，专业换一换，行业领域换一换，这样的案例也很多。甚至，可能说的就是你。于是，就有人继续总结：这是人际关系没有处理好，不能太理想化，需要面对"现实"。我们是不是对这种"爹味"的训诫特别熟悉？

要工作了，你的老爸告诫你：作为职场新人，要手脚勤快，多做事，少说话，见人打招呼，多多献殷勤。这样的劝诫，让你感到了"媚味十足"。上班第一天，午餐吃饭的时候，早来一年的同事热心地向你传授公司的"生存之道"：谁和谁关系好,哪个领导和哪个领导不对付,你最好别去惹谁,做什么事的时候一定要注意……这样的悄悄话,又让你觉得"无奈无聊"。

难道,这就是职场人必须要面对的人生关卡吗?难道,一旦成年,就必须开始自私厚黑、小心谨慎吗?难道,这就是学生思维和职场人思维的区别?

当然不是。

如果细心一点,你会发现,前面讲到的案例,都有着类似的经历:实践、实习、工作。这些并没有什么值得关注的,因为这似乎是每个大学生都要经历的一个过程。**而最关键的部分却是:如何实践?如何实习?在工作中和学习中,思维方式到底有什么不同?**

我们从三个方面来对学生思维和职场人思维进行区别:

1. 标准答案与不确定

在学校教育背景之下,很容易培养出"标准答案"式的思维。标准化考试,就必须有标准化答案,因为这样才有评判的标准,也才可以通过考试进行选拔。标准化考试,放在升学选拔的背景之下,无可厚非。

然而,如果一个学生经年累月地关注标准答案,只关注最终的考试结果,就容易培养出一种"标准化思维"。有了这样的思维,在做每一件事的时候,就会自然地关注:

这件事对于最终的结果是不是有用?这件事是否符合标准

答案？是不是"最优解"？标准答案在哪里？如何才能效率最高地得出最优解？

这些想法对于一个学生来说，似乎没有什么问题。因为在标准化考试背景下，这些问题都可以找到确定的答案。由此形成并固化下来的思维模式在解决具有明确规则和标准的问题（比如解一道数学题）时，非常有效。但是对于职场人来说，再这么想，危机就来了。特别是在面对以下三类问题的时候，用标准化思维思考，简直就是灾难。

第一类，复杂性问题。职场中有些问题之所以复杂，就在于没有先例，没有现成的规则可以遵循。同时，一件事受多个因素影响，很难直接找到关键点。并且当一件事处于发展之中时，变化不断，未来充满了不确定性。这样的复杂性问题，不要说暂时没有标准答案，即便在多次出现之后，发现了一些规律，也需要当事人在处理问题时根据模糊场景加以推敲。

比如，做一个项目，如果带着标准答案的思维工作，就很难理解为什么会预算不足，也会很难应对突然出现的技术难题，甚至会在团队成员出现不同意见的时候，不知道该如何统一思想。这些问题都不会有预先设置好的答案，只有随时做好与不确定性共舞的准备，才算是完成了职场人的一次思维转型。

第二类，创新性问题。创新性问题可不一定独属于研发岗位，新产品开发需要创新，市场开拓需要创新，人力资源的效能提升也需要创新。除了一些常规类的工作，多数岗位都会或多或少地有需要面对创新性问题的时候。

这时候，没有固定的答案或解决方案。需要采用追求不确定性的思维，思考多种可能性，并灵活地寻找最佳解决方案。例如，在产品开发过程中，可能需要尝试多种方案来满足客户需求，并不断调整和改进。

第三类，合作类问题。有些人进入职场，会有很强的"书生气"，因为他们总是呆板地希望每件事都有确定的工作规范，希望每个人都能各司其职，一切都可以严丝合缝地运转。之所以这样的想法容易在实际工作中处处碰壁，主要是由于除了忽略了事情本身的复杂性、不确定性之外，同时还经常忽略每个人的独特性。带着希望每个人也都是"标准化"的想法，不碰壁才怪。

所以，很多人的固执和保守不一定都是性格问题，而可能是一直没有转变思维模式。

虽然，曾经在标准答案中的胜出可以带来很多机会，但是随着学生生涯结束，我们生活的常态已经不再是可以用标准化来衡量的了。当我们面对模糊和不确定的时候，需要对各种可能性持开放态度，并且去积极地应变和适应、积极地创造与合作。

一个抛弃了"标准答案"思维的人，不会再等着领导教自己做什么，不会再等着客户告诉自己该怎么做，不会再等着通过一堂技术培训正好补上工作中所有的技术要求，不会再等着别人给出完美工作的评判标准。他们会主动尝试，积极沟通，不断调整。因为他们深知，有些事，领导也不见得清楚，客户或许不会告诉你，尝试和探索本身就是做事过程中的必经阶段，出错的概率和责任的压力，也是每个职场人该有的承担。工作，也不只是努力就够了。

2. 被动等待与主动出击

在职场上，有一类"被动等待"型的人总是不能得到更好的发展机会。他们不愿主动解决问题，而是等待他人安排或指示。他们往往缺乏自信和独立思考能力，习惯性地依赖他人，缺乏对工作的主动性和责任感。在遇到困难或挑战时，被动等待的人容易退缩和放弃，缺乏解决问题的积极性和能力。

相比之下，具有主动出击思维方式的职场人会更加积极进取，表现出强烈的自主意识和独立思考能力。他们往往能够主动发现并解决问题，善于发掘自己的潜能，并追求自我成长和不断进步。在遇到困难或挑战时，主动出击的人会积极寻找解决方案，善于利用资源，勇于迎接挑战并从中获得成长和成功。

请注意，被动等待和主动出击，对应的可不是内向性格和外向性格，也不是表达方式的差异，而是在不同思维模式之下所产生的行为特征。换言之，被动等待，意味着面对工作时，等待可以执行的明确指令。而主动出击，意味着面对工作时，主动承担责任，主动寻找方法，主动解决问题。两种思维模式之下的职场发展，高下立见。

谁也不是一开始就善于主动出击，谁也都不愿意一直被动等待。两种行为模式的区别，和环境影响有很大关系。

一方面，在读书期间，学生被教育要"听话"，于是，就会等待老师的明确指令，就会依赖书本给出的答案。一般情况下，在学校环境中，这样的指令和答案一定会出现，久而久之，等待就成了一种思维习惯。

另一方面，因为没有经过训练，所以初入职场的学生看到的，只是主动出击可能需要承担的责任和风险，而不知道主动也会带来价值，更不知道如何才能收获到这样的价值。

那么，主动出击，究竟要怎么做呢？

一个"主动的职场人"的主动思维需要体现在三个方面上：

第一个方面，主动学习。如果说学生时代，有老师的鞭策，有同学的竞争，有成绩的压力。那么，进入职场之后，这些推动因素将全部消失。留下来的，就只是：突然出现的一个未曾遇到的技术问题；职业发展遇到的瓶颈；换岗之后不知如何应对的陌生场景。所有这一切，都需要提前学习。

只是，这样的学习，没有指派的教师，没有固定的教材，没有确定的学习周期，你必须自己主动学习。现在不会的，需要学；将来发展的，需要学；拓展视野的，需要学；提升认知的，还需要学。需要做到主动学习，终身学习。

第二个方面，主动接受挑战。在学校读书的时候，我们会随着年龄增长而不断升学，老师们也会根据不同学段的教学要求，提升教学难度。但是，在职场上，工作难度的提升，并不是必然发生的事情，更不会按照固定周期出现。于是，有人抓住了工作中出现难题的机会，接住了挑战。有人主动争取有挑战性的工作，借以提升自己。但还有人遇到难题会避开，甚至会甩锅给别人，以此使自己处于安全的舒适区。

短期看，没有挑战，就没有风险，就会有稳定的价值回报。长期看，没有挑战，就没有成长的机会，就没有自我价值提升的机会。主动接受挑战，关注的是更长远的价值提升。

第三个方面，主动沟通。很多人说起学校环境的时候，都会用"单纯"来描述。单纯的原因，主要是因为规则明确，角色简单。作为学生，学好课本，考个高分，这就够了。不管你和老师关系怎样，不管你和同学是否熟悉，分数，就是学生最有价值的筹码。从这个角度来看，一个学生不需要和别人沟通太多。

职场环境就完全不同，首先就是评价标准变了，不仅需要工作好，人际关系也要好。而且，要想工作好，就必须要先做好沟通。必须通过沟通，确认自己的工作任务；必须通过沟通，知晓同事进度；必须通过沟通，了解客户需求；必须通过沟通，明晰领导要求。所有这一切，如果都在被动等待，那工作多半是做不好的。

主动学习、主动接受挑战、主动沟通，是职场人思维在"主动出击"方面的重要表现。

3.单打独斗与依靠系统

相对职场人来说，学生可能更倾向于单打独斗的思维状态。因为学生在学习和生活中相对较为自由和独立，他们可能更习惯于依赖个人的能力和努力来达成目标。

然而，职场人在工作中的多数情况下，都需要在完成自己工作的情况下，与别人进行合作。甚至自己的工作也需要协调到更多的资源支持才能完成。

单打独斗与依靠系统，是两种完全不同的思维方式，也会呈现出不同的工作方式，其中主要会在以下两个方面表现出明显的区别：

是否关注系统目标。单打独斗的思维方式非常简单，领了任务就干，完成任务就赢。这样的思维方式对于学生角色是有效的，但是，如果在进入职场之后，依然这么想，就很难有持续的较大发展。

职场中，越是底层的基础工作，越是简单直接，不需要考虑太多，也不能考虑太多，做完就好了。而越是复杂的工作，就越是需要兼顾到系统的整体目标。因为此时场景复杂，原先设定的目标可能随时需要调整，如果不了解系统目标，就不能很好决策。

很多企业家在谈到管理的时候，经常会说"让听见炮声的人做决策"，这是企业家在管理中放权，但是放权给谁呢？不光指的是处于一线的市场人员或者产品研发人员，即使他们了解客户，了解市场，这是优势，但是还是需要了解自己企业的系统目标。这样的人才值得拥有权力。

我们可以看到很多企业在对新员工培训时，经常会进行企业文化的宣导，每年的年会上，也会分别让不同层级的员工了解企业发展的战略和规划。这其实就是希望不同层级的员工能够了解上一级的发展方向，进而方便将自己的目标在具体工作中随时调整，向上对齐。

是否关注系统资源。系统目标，往往需要系统的资源来支撑。单打独斗的时候，只是关注自己的能力就够了。如果能力不足，没啥可说的，继续提升，就像是学生就只需要好好学习。而职场人只了解自己是绝对不够的，新入职的员工，一定需要先了解公司架构，熟悉工作流程。这个熟悉的过程，就是需要职场人开始关注系统资源。

关注系统资源，就是主动沟通之后，争取支持；就是分工合作之后，提升效率；就是协调统一之后，避免浪费。系统的资源往往有利于实现更大的目标，这是由系统资源的多样性所决定的。同样，系统的资源也有利于更多的创新尝试，这是因为相较于个人来说，系统丰富的资源可以承担更多风险。

同时，**对于系统资源的整合、调用和管理能力，往往是一**

个职场人能否发挥更大价值，甚至获得进阶的重要指标。即便是在那些可以展示个人能力的技术岗位上，一个能够带领研发团队的领导者，对于企业，也往往有着更大的价值。

所以，**一个职场新人进入一个组织，一定要从目标和资源两个维度关注自己的定位以及发展，而不是仅仅关注自己单打独斗的能力。**

对学生思维和职场人思维之间的比较，并不是要贬低哪种思维方式，而是要让大家知道，我们在人生发展的不同阶段，有不同的角色要求。如果期待在进入新角色之后，有更好的发展，那就要关注到新角色的要求，意识到两种思维方式的不同。

02

衡量 "好" 工作的三个标准

　　自古以来，就有一句名言深入人心——学而优则仕。这句话反映了古时候很多人求学的出路和目的：求学是为了求功名。从十九世纪开始，中国社会发生了翻天覆地的变化，特别是近二十年来，经济高速发展，随着新技术和新需求的出现，雨后春笋般地出现了很多新行业、新职业。于是，人们又开始迷茫了：到底什么样的工作才算是好工作？

　　这样的迷茫直接反映和传导到基础教育阶段。近些年来，国家实行高考制度改革，高考科目的选择，迫使人们在中学的时候就开始考虑：将来学什么专业？而这个问题的答案直接依赖于另外一个问题：将来要从事什么职业？人们自然而然地会问：什么样的工作才是好工作呢？

　　有人说，适合自己的工作，就是好工作。但是，什么才是适合自己的工作呢？且不说在我们的教育体系中很少有自我探索的部分，即便有些学校很关注一个人自我人格的形成与认知，也一定要面临一个事实：大学毕业之后，一定要经历一个新的探索阶段。也就是说，从学校初入职场的时候，很多人并不知道什么才是"适合自己的工作"。如果这个时候，你做了个测评，给自己贴上标签，并且坚信这就是最适合自己的方向，或许在十几二十年后会忽然发现，竟然还有更适合自己的选择。这就像是把一个没有长成的树砍掉当木材，即便是良木，作用也是有限的。

还有人说，那就什么赚钱做什么呗，这确实也是一种选择。但是难题来了：什么职业赚钱？这个问题肯定要在选择大学专业之前就确定了，但是在瞬息万变的年代，谁知道四年之后又会如何？而人们真正赚钱的职业阶段，往往在工作三年之后。这样算来，至少要在这一阶段到来的七年前就选定专业。这对多数人来说，都是一个无解难题。不仅如此，即便"选对了"方向，人们会有更多的困惑：在一个赚钱的行业，是否有赚钱的能力呢？在一个赚钱的行业，有能力赚到钱，但是否会因此开心呢？基本上，问到这里，人们就开始放弃选择了。

干脆，选一个"自己喜欢的工作"吧。不考虑世俗看法，也不去规划未来可能，喜欢什么，就做什么。既然认不清自己，也不能看懂这个世界，那就看当下的感受。这也是很多"Z世代"的选择，他们充满活力，多元创新，甘于成为汹涌人群中的一个普通人。他们大胆而谨慎，一边"颓废"，一边

"焦虑"。在他们焦虑的内容中，有社交，有生存，也有发展和成就。

其实，大家之所以在职业选择中关注"适合的""赚钱的"和"喜欢的"工作时，会陷入一种矛盾的困境，主要是因为被"发展性"困住了：要做选择的时候，对内对外的认知都不够清楚；等到有些认知了，却发现已经走出去太远，转换赛道的成本又太高了。

这个矛盾该如何破解呢？

不妨把难以解决的问题进行拆解，把可以预测的、风险小的部分拿出来，然后一边走，一边调整，不让自己陷入非黑即白的巨大风险模式之中。这就需要针对不同的生涯发展阶段实施不同的发展策略。

刚毕业进入职场的新人，主要面临着以下困难：对自己认知不足，能力资源积累不够，对职业世界缺乏认识。与此同时，也有着其他生涯阶段所不具备的优势：到处都是"新人可以尝试"的机会，未来有无限可能，并且在一些领域具备先发优势。

在这一阶段，我们所要做的，就是充分发挥优势，同时丰富资源以解决困难，然后在发展中不断调整。根据这个思路，我们在初入职场选工作的时候，需要重点关注以下三个标准，并根据这三个标准来定方向。然后在大方向里，不断调整。

第一个标准：稳定

稳定，主要指的是一份工作所处的组织比较稳定，没有关门倒闭的风险。人们之所以对"稳定"有强烈诉求，主要是源于对社会变动、组织调整的恐惧和凭一己之力生存的担心。稳定组织的存续时间一般至少几十年，甚至在未来可见的岁月里，还会一直存续。即便有了调整，作为个人也会有可以被安排的位置。一般来说，政府部门、事业单位、央企国企，甚至大型外企，都具备这样的特点。于是，公务员、医生、教师、国企员工就是很多人追求的稳定工作。

除了组织稳定，一份稳定的工作，还具备两个重要的特点：

1. **稳定的工作门槛不低。**这个门槛主要体现在：学历、户籍、年龄和性别上，同时还要经过考试，经历大规模的多轮筛选。特别是学历，是很多人在报名的时候就会被筛选掉的一个重要门槛。考公、考编的时候，笔试、面试的通过率也不高。

稳定工作之所以门槛高，是由其内部的淘汰机制所决定的。稳定组织内部会有职位升降，但是一般来说，彻底淘汰掉一个人，让其离开组织，发生的概率却很低。相对而言稳定性差的组织，比如私营企业、创业型组织，随时可能裁员，保持着灵活的淘汰机制，体现出来的就是"不稳定"。

2．稳定组织的内部设置，也相对稳定。一般来说，稳定的组织规模相对庞大，组织纪律严明，架构清晰，规则明确。所以，晋升通道也相对明确，很少出现"破格"的情况。对于一些希望快速晋升发展的人来说，这样的"稳定"意味着发展的缓慢，甚至需要"熬年头"才能混出样儿来。

这也是稳定工作的特点，如果选择，就一定要做好思想准备，只有放弃了快速晋升和收入迅速增加的可能性，才能接受这份稳定。

第二个标准：发展

每一份职业都有发展，而这里谈到的"发展"，特指的是，对于个人而言，一份工作可以使你获得快速晋升，收入增长比较快，可感知的职业能力提升比较快。当然，对应地，也就是一个人在职业中价值提升得比较快。

如果给发展性强的工作找几个关键词的话，会有：大城市、新技术、新兴行业、创业。在大城市，一些新兴行业中，产业核心就是新技术应用，会产生巨大的经济效益，投资者众多，创业频出。比如，前些年的互联网，近些年的人工智能、新能源，都是迅速发展的行业。作为个体，在其中谋求核心岗位，比如技术岗位，就会是具备很强发展性的工作。

用更为简单的标准来看，具备发展性的工作，起薪一般都比较高。比如，计算机、互联网相关的工作，长期以来，都属于毕业生平均薪水最高的职业之一。道理也很简单，市场很看好这个行业，资本很看好这个赛道，那么，普遍薪水高，就意味着资本和市场对于资金回报率有更高的期待。

具备发展特点的工作，优势显而易见，门槛也不一定很高，特别对于刚进职场的大学生，雇主当然知道需要有一个学习期，也知道之前所学知识几乎都不能直接应用，但是他们看重的是潜力，是未来的发展性。即便是看走眼了，也没有关系，反正进入企业之后，还可以通过淘汰和晋升机制进行弥补。

所以，选择发展类型的工作，就不要奢求"稳定"了。虽然都是需要努力打拼，但是在发展型工作中，一不留神，可能就不是被甩下，也不是发展得慢一点，而是被直接淘汰了。这也是很多人身处大厂，也会出现"中年危机"的原因。

寻找发展型工作的时候，还有一个要点：不必一步到位。如果刚毕业的时候，阴差阳错，没有能进入理想的企业、获得理想的职位，那也没关系，从距离最近的领域开始做起，不断提升自己的专业能力，一步步靠近。只是，这个靠近的过程，需要通过"未来雇主"认可的成果来呈现。不出三五年，机会就来了。

第三个标准：探索

如果有人既不喜欢波澜不惊的稳定，也不愿意每天辛苦打拼地发展，那该怎么办呢？如果看哪个选项似乎都还行，但就是不知道自己想要的是什么，那该怎么办呢？如果有自己喜欢的工作，但是受到了来自周围的很大的阻力，又该怎么办呢？

那就选择另外一条路径：探索。

如果非常迷茫，就给自己留出足够的时间，进行探索。既是探索自我，也是探索这个世界。我们在进行职业选择时，经常会有一个误区：到了节点，就要立刻得出一个可以管十年二十年的决策。如果不这样，好像人生就会浪费了大好时光，就像是走了弯路。

不知道你有没有想过？如果不经探索，只是凭别人的看法进行选择，或者凭着自己的直觉判断进行选择，等到有一天明白过来的时候，那才是走了弯路呢。**探索，是职业发展过程中的必经之路。**如果在学校期间探索得不够，那么，出了校园，就要继续探索。

探索之路又该如何选择呢？从最近的领域开始选择，自己的专业，自己最向往的工作，别人告知的也会让自己动心的工作……不管怎样，只要有一丝线索，愿意尝试，就立刻开始做起来。只是，和坚定地寻求稳定，或者确定地追寻发展不同，不管你在做什么工作，都要在内心告诉自己：这并不一定是终局，我要在探索中发现"适合的""喜欢的"。

想让探索有效，必须遵循两个原则：**一个原则是，每次探索都是从心而发。**也就是说，选择的这份工作真的有让自己动心的地方，没准将来就有机会成为最佳选项。**另外一个原则是，对于每次的探索必须全力以赴。**只有每一步认真了，才能找到自己真正热爱的工作。

看上去，探索的过程，很像恋爱。认真投入到每一次让自己心动的恋爱中去，直到遇见那个生命伴侣。开始时，说不出来是什么完美标准，遇到时，一个眼神就能确定终生。

稳定、发展、探索，是初入职场时选择好工作的三个标准。从这三个标准出发，大概率可以确定初入职场前几年的发展方向。

值得注意的是，一定要在使用这三个标准的时候，加上以下两个说明条件：

第一，这三个选择标准之间或多或少地有矛盾，必须单选。

选择稳定，就必须接受高门槛的挑战，放弃未来快速发展的期待。选择发展，就必须放弃稳定，随时接受可能被淘汰而带来的压力。如果选择探索，就可能因此放弃了一些短期利益，错过一些看上去很不错的薪水、职位、机会。只有坚定了选择的方向，后面才更容易安心。

第二，这三个选择标准具备阶段性特点，特别适合进入职场之后的前三年。

初入职场的学生具备特殊性，要么因为身份的原因而有机会从事稳定的工作；要么因为能力不足，可以抓紧时间为选择发展型工作做准备；要么正是可以进行广泛探索的最佳时机。

总之，这个阶段的选择直接决定了未来几年的发展路径。而三五年后再看，或许就有了新的局面。三五年后，或许因为能力资源提升，有了新选项，也或许因为年龄增长，而少了更多机会。

　　总之，把一个很多人感到充满矛盾的复杂问题在具体生涯阶段进行拆解，再结合个体特征和职场情况，就可以切割成一个单选题。总有人说"选择大于努力"，其实，这样看似正确的说法，在掩盖一个真相：我们的人生是在选择—行动—选择—行动之中不断循环的。**下一步选择的选项不是取决于这一次选择，而是取决于这次选择之后的行动。**

03

职业规划，都需要规划什么 /

　　大学期间，学校经常举办职业规划大赛；毕业求职，面试的时候，面试官也会问未来对于职业生涯的规划；新进职场，踌躇满志，夜深人静的时候，一个人也会思考未来的职业规划。

　　然而，谈到职业规划，很多人又会陷入迷茫：

　　你说职业可以规划吧，立刻就会被现实打脸。本来是想毕业后找到专业对口的行业，然后进入一家发展不错的企业，用三年时间做好积累，然后持续升职，持续提升自己，工作十年左右的时候，成为企业的中坚力量。这似乎合情合理。可是，一走进职场就遇到了经济下行，本来看好的行业发展停滞，所有企业人员缩编，找一份合适的工作都难，更别说专业对口，发展前景不错的了。于是，最后只能随便找个工作，先维持生存。这还怎么规划呢？

　　你说职业可以规划吧，总有各种无常发生。进入职场，有人一开始顺风顺水，找到了自己满意、别人羡慕的工作，该挽起袖子大干一番了，可是职场的故事比电视剧剧情还跌宕起伏：今天项目裁撤，辛苦冲刺了三个月的工作戛然而止，让人体会到难以名状的伤心；明天空降一个部门领导，重新调整团队，工作被边缘化，原计划的成长看不到踪影；莫名其妙地，自己又被卷入办公室政治，左右为难，不仅辛苦，而且心累。遇到这么多麻烦，还怎么规划呢？

你说职业可以规划吧，遇到了困难，规划似乎也被中止了。本来规划好了职业路径，也取得了老板的认可和信任，但是在具体工作中才发现，原来工作比想象的难多了。各种需要学习的新技术，各种需要跟踪的行业趋势，感觉自己曾经上了一个"假大学"，敢情进入职场，一切都要重新再来。没人帮，没人教，只有人在催进度，要结果。前所未有的困难被累积后，一根稻草就能压垮你。这根稻草是：你这么做，有意义吗？这真的是你喜欢的工作吗？你真的可以做一辈子吗？你一犹豫，原有的完美规划就变成了幻影。

其实，这些迷茫和纠结，都是由于陷入了对于规划的误解。真正的规划，并不是大学时写的职业规划书，也不是面试时你满怀抱负的未来目标。如果你以"职业规划"为关键词，在网上搜索，你会发现，看到最多的词条，就是"职业规划书"，而且是职业规划书模板。看来，这是几千万大学生们的强烈诉求。但是，谁又会认真清醒地规划自己的未来呢？又有谁可以脱离一个貌似正确，实则无效的模板，来真正思考自己未来的发展呢？

职业规划，规划些什么？每一个误区，都藏着规划的核心要义。

1．规划的不是未来目标，而是当下要做的事

很多人认为，规划就一定要有一个对于未来的明确目标，至少要有一个大致明确的方向。为了明确这样的目标，就需要开始各种分析。

一般来说，主要是分析两方面。分析自己的特点，也就是自己的优势，擅长什么；自己的兴趣，喜欢什么；自己的性格，有什么特点；还有分析职业价值观的，看看自己想要的是什么。这些都分析完了，再来分析职场，看看专业对口的职位都有什么，或者了解了解职场，分析分析行业报告，能够再多做一些的，就是看看城市发展情况，做做访谈。

最后，把对职场的情况分析和个人分析放在一起看，如果出现了交集，就大功告成。如果没出现交集，就继续调整：总有之前没想到的特点，总有之前不了解的情况。总之，通过交集的方式，可以得出一个发展方向。顺着这个方向，看看别人一般都是怎么发展的，三年五年之后可以达到什么职级，薪水如何，这也就是规划出来的目标了。

按照这样的方式规划，不出现迷茫才怪。

出现问题的原因显而易见：明知道自我分析得不出一个

清晰的结论，明知道对于职场的了解不应仅限于专业对口，明知道难以想象未来的职场可能发生的情况，但是为了得出一个"明确目标"的结论，就必须这么"完成答卷"了。这样做只是自欺欺人而已。

真正的规划不是得出一个未来目标的结论，恰恰相反，是在明确了当下生涯阶段特点之后，知道了当下要做的事。我甚至认为，一个初入职场年轻人的"规划"，不要超过一年。为什么这么说？其实是和这个生涯阶段的特点密切相关的。

从学校进入职场，面临着一次重要的人生角色转变。从生活和经济上可以依靠父母家人，学习成长可以依靠学校，社会关系简单的学生，到必须自食其力，经济独立，社会关系突然复杂，做事思维亟需转变的职场人。这一次角色转变可谓巨大。在这个阶段，能力、认知、心态尚未准备好。即便是设定了一个职业目标，也是一个随着成长和发展必然要摈弃的"纸上谈兵"。这样的规划，不仅没有价值，而且有可能引起误导，让一个人困在原地，耽误了立刻可以开始的行动。

适应，是这个阶段最重要的生涯命题。探索，是这个阶段最需要做的事情。

初入职场，根本不需要吓唬自己：第一份工作如何重要。仿佛选错了，将来就毫无希望了。**重要的不是第一份工作是什么，而是如何做第一份工作。**以下是一个初入职场者最需要做好的三件"当下的事"：

第一，在所有能接触到的选项中，选择自己认为"最好的工作"。然后分析并记录下来：我为什么选择这样的工作？我凭什么可以拿到这份工作？

第二，成为一个"小专家"。在一个行业中努力工作，研究高效工作的方法，和需要提升的能力，争取在一两年内拿到目力所及的、可以被企业内同事、行业内同行所认可的"成果"。然后分析并记录下来：我可以做好的原因是什么？这体现了我的什么优势？我喜欢这份工作吗？为什么？

第三，不管是否喜欢在做的工作，都要在工作之余积极学习，广泛探索。读书、见人、参加各类社交活动、兼职。然后分析并记录下来：我喜欢的工作都有什么特点？什么才是我最热爱的？我如何在其中发挥自己的优势？我还需要做些什么储备？

可以说在进入职场的前三年，做好这三件事就足够了。这个重要的职场探索适应期，会大大影响后面的职业发展，三年并不长，哪怕是十年都值得。这段时间，名为探索，可并不是零积累。很多人急功近利，总希望跳过探索，一开始就确定目标，有了目标就全力以赴，努力之后就有结果。这恰恰是应试教育之下的直线思维带来的危害。探索，是让自己保持开放，准备好接纳各种可能性。

2. 规划的不是职级提升，而是内在成长

如果你看过一些为面试准备的"面经"，一定知道在面试

中千万不要出现的一种回答：未来的规划是，三年成主管，五年做经理，八年做部门经理，十年做 CEO。这样的回答被讲得多了，就成了一个笑话。

被当作笑话的原因，是因为这样的回答非常幼稚，职业发展不会像学校年级一样，到时候就会升级。

不少企业和组织都是金字塔式的管理模式，下面的员工比上面的管理者要多，向上逐层减少。即便是现在很多企业选择矩阵式管理、项目制管理，做管理岗位的人似乎也是数量相对较少，而报酬相对较为丰厚。这就给人一个表象：只有职级上升了，才能说明自己发展好了。

但是与此同时，痛苦也来了：有人发现，晋升之路非常艰难，开始几年还好，越往上升，机会越少。到最后，凭的可能都不是一般的业务能力，是包括人际关系在内的各种复杂因素在起作用。甚至在一些外企，有些国籍的员工就不能做高管。另外一种痛苦是：本来是做技术出身，业务水平也比较高，到了三十岁左右的时候，就开始有中年危机了，开始考虑，如果不想被淘汰，就得做管理。那么，在技术路线和管理路线之间该如何选择？即便选择了，就真的有机会吗？

这两种职业发展的困境，都是源于没有搞清楚职业发展的本质——价值提升。机会不易把握，更不易创造，但是自己的确定性在哪里呢？就在于价值提升。外界因素不易把握，但是可以通过自己的规划和努力来实现自我价值的提升。盯着职位的时候，机会比较少，但是如果把目光聚焦在自我价值提升的时候，视野会开阔，机会会增多，规划起来就容易得多了。

对于一个初入职场的人，应该这样规划自己的价值提升：

第一，先做好份内事，熟悉好职场基本规则。有些份内事简单，有些份内事复杂，有些工作有人教，有些工作则需要自己摸索。不管怎样，先把份内事做好，也就是成为组织内的一个合格的员工。这一点，少则三五个月，最多花一年时间，就必须做到。

第二，提升自己的专业能力，成为可以独当一面的能手。不管是做技术研发，还是市场营销，或者行政人事，在工作内总会有一些能够展现能力的机会。找到这些点，通过学习和练习，死磕成为专业能手，成为同事一旦遇到此类问题，就立刻想到的人。这一点，从寻找到成熟，最多两年也够了。

第三，发展出带来更大价值的能力。一个人能力再强，也有瓶颈，要通过别的方式来加持自己的价值。这就是管理能力之所以重要的原因：如果能够带领一个团队高效工作，势必能发挥出远超一个人的价值。除了管理能力，还有品牌打造的能力、融资能力、操盘运营的能力等，这些都属于更高级的能力，也都是能够在工作中发挥更大价值的能力。这部分属于长远规划，需要慢慢提升。

从这三个方面规划内在成长，就摆脱了外界限制，并且能够让人充实而笃定。

3.规划的不是人际关系，而是角色意识

复杂的人际关系是让很多职场新人心生恐惧，不敢进入职场的一个重要原因。很多人自以为是"职场小白"，对领导，不会阿谀奉承，不善八面玲珑；对同事，不会讨好沟通，不善左右逢源。甚至有人还给自己贴上了"社恐"的标签，直接把自己隔离在了各类社交活动之外。于是，很多人就因为社交，因为人际关系，彻底放弃了职业发展。

其实，职场并不是很多人以为的"厚黑染缸"。虽然每个人都有自己的发展路径，但是职场新人完全可以选择在不失去原则，不丧失人格，不违背价值观的情况下，把职业发展好。除了选择环境之外，最重要的还是要把人际沟通当成一种基本的职业能力来提升。

职场新人对于职场人际关系所产生的恐惧，本质上是来源于这些职场新人还没有完成生涯角色的身份转变，更谈不上对于新角色的适应。所以，一旦谈到未来规划，谈到要打开各类社交圈子的时候，就会不知所措。特别是听到，只有通过各类社交圈子，才能获得职业发展必需的信息和资源，有些人就直接放弃了。

从一个学生，成长为可以独立的职场人，要完成这一阶段的身份转变，需要关注这三件事：

第一，意识到周围人对于新角色的期待。这里的周围人，可就不再是父母、老师、同学了，进入职场，周围人换成了：

老板、同事、客户、同行、初识的陌生人。意识到这些周围人对自己的期待，就不再是关注学习的过程，考试的成绩，是否遵守纪律，能否一起玩耍。而是是否完成工作，能否交付产品，能否遵守规则，是否理解企业文化。满足了这些期待，人际关系就及格了。

第二，意识到人际交往的本质。**人际交往的本质，是价值流动。**我之所以不说是"交换"，并不是在矫情地避讳什么，而是"交换"不能把事情本质讲清楚。价值交换，非常直接，而且明确，关注当下的交易。而人际关系之间，很多时候并不是可以看到直接的价值交换，越是高情商的人，也越是不会关注每次付出直接带来的价值回报。更何况，人际关系之间，价值形式丰富多样，绝不是可以用简单的交换值来衡量的。于是，**职场新人只需要关注：我对别人有什么价值？对不同人的价值分别有什么不同？我如何给予别人这样的价值？**就会自然地在职场上成为人们关注的焦点了。

第三，关注到人际关系给自己带来的价值。人际关系并不复杂，做到以上两点，就能发展得不错。如果再关注到人际关系给自己带来的价值，就会更为主动地与人互动，刻意地经营人际关系了。交往中，在别人关注你的价值的时候，你也会关注到别人的价值。除了直接的指导、信息、资源、机会等价值之外，还要特别注意到的是：情感价值、认可价值、视野价值。

有人会在你孤独的时候陪伴你，这就是情感价值；有人会十分欣赏你，即便没有直接的工作关系，也会让你有更多信心，这就是认可价值；还有人即使不在你的工作圈里，但是和他聊天，会让你开阔视野，迸发出更多想法，这就是视野价值。在人际关系中，你关注的价值越丰富，你和人交往的主动性就越强，这和性格是否内向并没有直接关系。

当我们有了这三个方面的意识，对于经营人际关系这件事就不会再那么恐惧了，我们会从自己的角色意识出发，有意识地提升自己，有意识地经营人际关系。毕竟，社会性是人的一个重要属性。规划好人际关系，会让我们在工作中如鱼得水。

04

如何高效探索职场，
快速打开视野

　　很多毕业生初入职场最困惑的事就是不了解职场：职场有着与学校不同的语言体系，不同的做事方式，不同的思考逻辑，闻所未闻的信息。

　　这样的冲击感，对于缺少接触外界机会的欠发达地区，或者基础教育阶段一直处于相对封闭的应试环境中的毕业生而言，显得更为突出。实际上，不仅是学生，我接触到的不少大学老师，在辅导学生适应职场的时候，也经常力不从心。

　　然而，时代却悄然发生着变化。

　　在过去二三十年，人们的职业状况有了很大调整，很多人不再终其一生从事一种职业了，有不少人实现了在企业内外，乃至行业内外的各种职业转型。职业生涯中从事过两三种以上职业的，大有人在。受经济形势变化、职业生涯时间加长、机会逐渐增多、职业保障日趋完备等因素的影响，人们对职业的转型诉求更为显著。

与此同时，互联网、新媒体、便利的线上办公模式也为人们提供了更多的机会和平台，让人们可以有机会了解到以前并不知道的世界，获得更多可以探索的机会和兼职、转型的可能。

相对封闭的个人，和更加开放的环境，这中间就很容易形成一个矛盾。于是，就会看到这样的现象：有人在大学期间就开始创业、申请出国、拿到各类企业的 offer；还有人毕业就失业，除了学校推荐和参加学校举办的人才招聘会，就不知道还有什么机会了。过几年呢？有人已经尝试了多种职业，正在追寻自己的热爱；有人已经经历几轮创业艰辛，终于成功融资；还有人被困在一个职业里，不喜欢这份工作，为了生存又不能不做，总想试图跳槽，却看不到更多机会，这样的人，还总被嘲笑"缺乏勇气"。

很多人并不是没有勇气，而是在没有看到更多可能的时候，并不知道原来还有这样的工作方式，还有这些工作可能：学心理的可以做产品研发；学生物的可以开宠物医院；懂营销的可以选择自由职业；喜欢物理的可以做自媒体……

当我们还是学生的时候，就要为进入职场做好准备，其中非常重要的一种准备就是：搜集信息，探索职场。搜集更多的职业信息，可以开阔视野，可以增加选项。于是，很多人就会看到更多职业可能，对自己未来的职业发展更有信心。

有些人说自己没有资源，没有背景，进入了职场就一切都只能依靠自己打拼。其实，越是缺乏资源，就越不能按照原有的既定方式去固步自封地简单努力，这时候，探索职场就越是重要，因为这项准备本身就是在丰富资源。探索职场，除了可以获得信息资源之外，也一定会提高获得机会的概率。

抛开这些职业的可能和机会，探索职场的方式本身就是一种终身学习。终身学习不再只是系统学习一些有用的知识和技能，也不只是学习一些看似抽象的科学前沿，在我们探索职场的同时，其实就是在延展我们与社会连接的触角，就是一种重要的学习。

我们能通过什么方式来高效地收集信息，探索职场呢？结合探索职场的目的，大致有三类方式。

第一种方式：学习培训

一些常见的方式，比如读书、看视频、听线上课，这些是大家都习以为常的，就不再赘言。这里单说两件事，一个是读书的内容，一个是培训的类型。

一定要有意识地对读书的内容进行分类：职业技能类的、兴趣爱好类的、开阔视野类的。在初入职场时，这三类书目的阅读比重应当各占三分之一。随着职业发展，可以进行调整。一定要在精力最旺盛，时间最充裕的时候，大量读书，夯实自己的基础。知识信息积累到一定量的时候，知识结构就可以搭建起来，再遇到别的信息，就很容易为己所用。

需要注意的是，一定不要用"应试思维"来读书。有很多读者和我说，读书记不住，读得很慢，一年也就读两三本。这其实是在用"应试思维"来读书，总想把读过的内容都记住，甚至希望可以把一本好书掰开揉碎了，将来还可以讲给别人。对于多数人读过的多数书籍来说，完全没有必要这样做。不必追求记住读过的内容，而只是从阅读中获得启发就足够了。如果认为哪些地方有用，可以立刻实践出来。多数书籍带给我们的最大价值是体验，长期浸淫在一些信息之中，我们看待世界的视野自然就宽阔了。所以，我们先要追求读书的数量，而不是记住书里的内容。

还有一类学习方式是参加培训。关于参加培训，有两个职场人常见的误区：一个是对于企业提供的培训不在意，白白浪费了资源；另一个是对于自己参加的培训没有计划。

企业经常会组织各类培训，我们也经常在企业做培训。在有些企业中，我们发现，参与者会十分不情愿参加培训，似乎培训是在占用他们的工作时间。他们消极参与，时不时地出去打电话，总想着早退。他们没有想到的是，有些培训是会对目前工作业绩的提升有着直接影响的，而有些培训的影响则是潜移默化地埋下了种子，需要参与者善于从培训中找到价值，提高自己。如果真的不喜欢一些培训内容或者培训师的风格，那就干脆请假不要参加，否则这样的培训对他们来说，不仅没有收获，还是在浪费时间。

除了企业组织的培训之外，每个职场人都要对自己的成长负责，所以，一定要有培训计划。培训计划中，大家最关注内容和有效性，这个和读书一样，要有主题、有计划、有选择。如果不知道要学什么，那就干脆给自己规划出每年的培训基金，告诉自己一定要花出去这笔钱，逼着自己学习。

如果说读书是通过作者来看到更广阔的世界，那参加培训就是通过现场互动看到更大、更真实的世界。参加培训期间，除了向培训师学习，还可以向同伴学习，除了课上的知识技能，还有课间的互动交流，这些都是获取信息、探索职场的重要方式。

第二种方式：社交活动

说到社交活动，很多人会本能地排斥：我是社恐。这或许又是一种对社交活动的误解。

首先，社交活动并不一定是很多人聚在一起，分别展示各自的才能。很多人一定都是被"社交高手"的说法潜移默化地吓住了，认为一旦有社交，就会像竞赛比武一样分出高下，列出排名。其实，一个大型聚会是社交，我们平时和朋友的微信聊天，网购时和卖家的互动，也都是社交。我们无法离开社交，我们依赖这个社会。

其次，社交的目的多种多样，产生的价值更是丰富多元。有些社交活动或许有强烈的目的性，比如组织一次客户答谢会，召开一次产品发布会，参加一次公司的周年庆典。这些社交活动需要联络参加者，强化彼此熟悉度，照顾到很多利益方，甚至还有需要达成意向订单的目的。但是很多其他的社交活动，比如参加小型读书会，和朋友约一次下午茶，约好友逛街游园，参加一次有组织的徒步、旅游……这也都是社交，但并不见得有强烈的功利目的，陪伴、沟通、加强关系，或许是很多社交本来的期待。

即便是回到职业发展本身，社交也不必那么辛苦。为了获得更多信息，对职场保持探索，有几类社交活动特别重要：

1. **专业性或主题性的展会、交流会、论坛**。不管是否与职业发展相关，只要是感兴趣的话题，比如关于新技术、新趋势，由某个行业领域、某个专家组织的主题交流，都可以以听众身份参加。除了从展示者那里获得基本信息之外，还可以选择会间交流，与其他参加者互换信息。与很多人期待的相反，除非你是带着明确的目的而来，否则我们并不建议在这样的场合拼命展示自己，以求得合作机会。而是要把这样的活动作为一种基本的信息积累渠道，毕竟，现场的感受来得更为深刻，了解得多了，自然有助于你对于相关主题的判断。

2. **某个主题或者某本书的读书会**。书籍是一种载体，承载了某些思想、价值观和在某个主题上的观点。同时书籍也是一个媒介，出于对某些主题的兴趣和好奇，读书会可以把一些读者聚在一起，是一种非常重要的社交方式。在读书会，不仅可以交流对于书的看法，还可以在别人的分享中获得更多生动鲜活的信息。当然，主动表达也是连接的一种方式。这样的社交，能够扩展除了职业之外的新视野。

3．生活娱乐类的活动。不管是徒步、旅游、野炊、长跑，或者是穿汉服、喝茶、养花、钓鱼，一旦有某种兴趣，就可以找到这样的圈子。在这样的圈子里，你会认识到与职场环境中完全不同的人，这样的圈子会让人更加放松。与此同时，活动间隙，每个人也会自然地表达自己的职业状况。这时候，做个好奇而安静的听众，就可以了解更多职业的可能。

这么看来，社交活动是不是可以非常丰富呢？不限于人数，不限于线下，不限于工作，丰富的社交活动就一定会帮我们打开眼界。

第三种方式：访谈

这里的访谈指的可不是记者式采访，而是因为你对一些人感兴趣，和他们聊聊天；是因为你对某些领域或者某些话题感兴趣，找懂行的人问一问。从这个角度讲，访谈可以无处不在。

访谈又和谈八卦不同，谈八卦时往往讨论的是一些私人信息，而访谈指向的主要是职业信息。比如行业发展情况、未来趋势、具体职业要求、职业回报等。访谈的目的，还是为了扩展视野，增加职业发展的可能性。

有些人说自己不善于做访谈，其实是因为对于要访谈的人心有敬畏，或者不知道该如何连接到一些可以接受访谈的人。可以说，这种"担心"，就会让很多人少了一些职业发展的便利路径。还有人因为进入职场之前，社会关系简单，特别是不知道如何与权威人士相处，于是，在单位见了领导躲着走，参加培训时默不作声怕被看到。这样的状态，也会让信息和机会溜走。

还有些人太把访谈当回事，煞有介事地和专家预约时间，准备了一个很长的访谈提纲，带了笔记本过去，还在开始访谈前征询对方是否可以录音。这可真就像是一次正式采访了，并不是说这样的方式完全不可取，但是多数情况下，这么做，就会刻意地把一次访谈升级。那么，随之而来的问题是：你们的关系是否经得住这样的升级？你与受访者是否熟悉到他可以接受你的采访？受访者是否有必要回答你所有的问题？受访者是否可以真实表达所有的想法？这些问题一旦出现，访谈可能就被搞砸了。

对于不同的访谈对象要采取不同的方式。以下这三类人，是我们通常可以访谈的对象。

第一类人是领导或者公司前辈。他们不仅在具体领域里有经验，还了解公司情况。这时候，只需要在讨论具体工作的时候，突出"请教"的态度就好了。

第二类人是慕名连接到的某些领域的专家或者高手。不管是怎么认识的，开始都只是表达敬佩和仰慕之情就好了。有机会线下见面的时候，可以适当就对方曾经讲过的某个话题展开请教。时机成熟了，再约一次拜访，在聊天过程中就能有很多收获。切记，控制好拜访时间，一般不要超过一个半小时。

第三类人是很多人特别容易忽略，但又是特别重要的——随机访谈。三人行，必有我师焉。不管是饭局还是假日，不管是公司内还是聚会时，只要听到了一些自己感兴趣的信息，比如关于某个职业，某些话题，就不妨凑过来，多问几句。这样的方式不需要正式，也不用专门摆出架势，交谈的过程，就是获取信息的过程。

访谈获得的信息最为珍贵，因为是通过具体的人获得的鲜活信息，每一条信息背后，都有具体的故事。但与此同时，这样的信息也不免偏颇，需要加以鉴别。但不管怎样，访谈这样的方式，会帮我们打开更大的世界。

学习培训、社交活动、访谈，是我们探索职场的重要方式，你会发现，这些方式本身并不是功利性的活动，不是可以期待立刻拿到什么具体"有用"信息的方式，而是一种生活方式，一种学习方式，一种职业状态。这些方式背后，是一个人对这个世界保有的好奇，是对自己的成长保持的开放。从这个角度来讲，你的好奇有多大，你的视野就有多大；你的开放度有多大，你的可能性就有多大。

05
如何把兴趣发展成热爱 /

　　什么职业是好职业？这个问题或许会在不同的人口中得到不同的答案。

　　但是，如果继续问：有什么人的职业状态是你向往的？或许有人就会想到迈克尔·乔丹、史蒂夫·乔布斯、埃隆·马斯克……他们来自各行各业，也都拥有各种各样令人羡慕的成就。如果说共同点的话，人们会说：他们都在做着自己喜欢的事情，他们的人生充满意义。

　　喜欢的事，有意义的事，这是人们在解决了生存问题之后，一旦谈到职业，就会开始主动思考的话题。但是，往往让人尴尬的难题是：什么才是"喜欢的事"？做什么事才"有意义"？

　　说到做自己喜欢做的事，人们总会想到"兴趣"。无可厚非，有兴趣，才会喜欢。但如果问一个孩子：你对做什么事感兴趣呢？有些孩子的回答，可能会超出家长们的预期："我对游戏感兴趣""我对美食感兴趣""我对漫画感兴趣""我就喜欢睡觉"……这可怎么办？如何把这样的兴趣转化为职业呢？

这样的困惑也同样困扰着即将走入职场的大学生们，很多人想到的"兴趣"往往和工作不挨边：旅游、聊天、围炉煮茶、野外烧烤、参观展览、看电影、玩桌游，这些事怎么变成职业呢？难不成，要做个导游，或者开个茶馆吗？即便有人想这么做，但真正做起来，才会发现，和以为的兴趣相去甚远，并不好玩。

于是，就会越来越困惑：到底是否存在一种爱好，是可以当成工作来做的呢？这个困惑背后，藏着对于"兴趣"的误解。

首先，我们所谓的"兴趣"，常常都只是消费的兴趣。我们喜欢看电影、玩游戏、外出旅游、享受美食，这些都是休闲方式、生活方式。说白了，是需要花钱购买一种让自己身心愉悦的场景、体验、服务。而提供这样场景、体验和服务的人，就是在做这一职业的人。他们在努力创造着让消费者满意的体验，这样的体验是有价值的。为此，我们需要支付费用，于是，就成了消费者，而不是生产者。

所以，从这个角度来说，这样的兴趣当然不是工作。

还有些人的兴趣不完全是消费，也喜欢做对应的工作，但是谈到对应职业状况的时候，却因各种复杂的因素而感到尴尬。

比如，有人热爱花艺，认为花艺能够带来美好的生活体验。但是开一家花店也没那么容易，店租、员工费用、鲜花折损、客户来源都是需要考虑的问题。辛辛苦苦，最后自己既没有拿到满意的回报，也似乎没有给别人创造足够的价值。

比如，很多人都有开一家咖啡馆或者茶馆的梦想。可一旦真正调研起来才发现，原来很多事都需要自己打理，并不像原先想象得那么悠闲美好。开书店也是如此，有人觉得，阅读很重要，在移动端阅读如此方便的背景下，想要通过读书社群和线下书店的联动开展阅读活动。可是，真正做起来，才发现，缺乏读者，缺少收入来源，成本太高，举步维艰。

最初，对这些事情，不可谓没有兴趣。当然，这些可以为别人提供价值的事，也可以成为工作。但是，最终的结果却并不理想。难道，对于感兴趣的事情，真的没有可以发展的可能性吗？

有人会说，这还是能力不够。你看，总有人开花店赚钱的，总有人咖啡卖得好，也会有人把书店开得风生水起。他们都是把喜欢的事情做成了成功的事业。如果你还没做到，那就一定是某种能力不足，需要努力。

这又是一种听上去很有道理，但确实很让人沮丧的解读。如果结论到这里就结束了，那多数人还真的只能成为消费者了，然后，继续做着让自己不愉快的工作。

然而，我们对于兴趣和意义的理解还可以更加丰富和细致。

我们要意识到，之所以做不好一些事，并不是因为没有兴趣，甚至也不是因为对应的能力不足。需要细分的是，我们感兴趣的具体事情是什么？又在哪些方面缺乏能力？两者之间的关系是什么？比如，有人喜欢花艺，希望通过自己的双手为生活带来更多的美好。但是开花店却是一种创业形式，有人缺乏的可能是运营能力、物流调度管控能力、客户沟通能力。因此，开花店不成功，也很正常。同样道理，善于阅读，善于领读，善于解读的人，不一定善于运营社群，不一定善于经营书店。善于泡茶，善于讲茶，善于做茶的人，不一定善于卖茶。

所以，**完全没必要因为现实中遇到的挫折而对自己期待的未来失望**。我们需要认识的是：如何面对各种挫折？

我不喜欢把"兴趣"这个词运用于工作和职场，因为**"兴趣"这个词太过宽泛，很容易混淆不同感受和努力的方向，反倒失去了职业本身特点。我们不妨换另外一个词：热爱。热爱不仅是一种强烈的情感，还是一种倾情投入、乐在其中的状态**。热爱不仅仅停留在"喜欢"的程度，而且持续推进，对喜欢的事情有深入了解，掌握了做事的相关技能，已经达到可以上手的程度。此时，对做这件事的感情更深，不管是否有天赋，都会希望持续投入，不管是否可以做出成就，都很有信心做好。这时候，就可以称之为"热爱"了。

所以，我们看，要达到热爱的程度，前期至少需要完成这三步：

第一步，进行探索。我们或许会对很多好玩的、有趣的事情感兴趣，或许会对很多陌生的又能带来刺激的事情感兴趣。如果愿意尝试，那就试试吧，从生产者角度进行尝试，从服务提供者角度进行尝试，从创造价值的角度进行尝试。

第二步，训练学习。要想给别人创造价值，就需要具备创造价值的能力。对于一个新手来说，这肯定是需要学习和训练的。有人会因为这个训练过程而更加着迷，有人却因为这个训练过程而开始自我怀疑。很难说，一个人如果在这个过程中遇到挫折就放弃是明智之举，还是缺乏韧性。但可以肯定的是，只有可以在一个方向上持续训练，突破最初的难点，才算得上是开始接近热爱了。这样的必经阶段，就是一种考验，无法通过考验的人，就只能拥有口头的"兴趣"。

第三步，确定精准的热爱方向。在入门之后，甚至是已经开始创造价值，把一件事做成职业之后，千万不要把热爱的方向扩大化。我们热爱的往往是一种具体的做事方式，是一个细分的领域内容，比如喜欢编程，也只是喜欢某种编程语言；喜欢培训，也只是喜欢讲某一门课；喜欢写作，也只是喜欢写作某种文体。我们不是不能扩展，而是为了保护热爱的火苗，先不要做扩展，而是把一件事做好，做到极致。这个过程，既是培养能力，也是培育热爱。因为做到极致，才会有价值回报的正向反馈，也才会激发我们持续深入。

所以，从这个过程来说，做热爱的事情本身，也是一种探索。只是，这样的探索不应该浅尝辄止，**不要通过感觉刺激来做判断，而应该是在掌握了相关技能之后，通过价值验证来探索这热爱的事情是否可以发展为热爱的工作。**这样的探索也不应该大而泛之，不要把一大类的相关工作都视为自己的必选项，这样只会因为某一个具体方面不如意而放弃全部可能性。先聚焦，再拓展，每一步都是探索。

兴趣靠不住，热爱才是我们在工作中要追寻的。

有了热爱，对很多人来说，意义就已经出现了。做自己热爱的事情，不就是一种意义吗？其实，这个意义的背后是多方建构的结果。

一种职业意义的建构，来自于社会。一个工作之所以可以成为职业，就是因为它的存在对别人有价值，对社会有价值。随着新技术出现，新需求出现，出现了一些新的价值需要，就会出现一些新职业。比如，人工智能工程师、无人机驾驶员、在线学习服务师、全媒体运营师、森林康养师，等等。

透过这些新职业，我们更容易明白，一份职业的意义，首先来自于社会的需要而产生的价值。进而，在此基础上进行展望，可以勾画出一份职业可以创造的最大价值，因此就会出现一个美好愿景，意义感就会突显。比如，心理咨询师的职业价值，是帮助人们解决心理问题，减少痛苦，改善状态。如果展望职业愿景，可以是让每个人都积极、乐观、健康地生活。

由社会价值产生的职业意义，又会作用于个人，产生**另外**

一种职业意义的建构：自我实现。通过职业发挥价值，本身就是一种自我实现，我们会因此而获得他人的认可与肯定。与此同时，在一份职业中，因为发挥了优势，获得了成就感，发挥了天赋，享受到内在愉悦，这些也都是自我实现的一部分。

对于初入职场的人来说，如果只是徘徊在能让自己感觉到刺激的圈子里，无论如何也不会找到可以持续深入的热爱；同样地，如果过于执着连自己也说不清楚的虚无的自我实现，那么，终究也不会找到一个现实的落脚点。

我们所期待的"喜欢做的事"，是经过探索，慢慢做出来的；我们所追寻的"意义"，是在发挥了价值之后，慢慢在自我实现中找到的。

06
用优势为职业发展铺路

所谓优势，有两个理解维度。

一个维度是"比较"。通过和别人比较，得出结论：比别人做得好，这就是优势。这个维度比较容易理解，只是需要注意的是，这个"优势"的范围有多大，是和旁边工位的两个人比，还是和同部门、同公司同事比，还是和同行业的从业者比。优势范围有多大，决定了价值有多大。同时，还要注意的是优势的应用场景。同样一个特点，在有些地方是优势，在有些地方未必。这就提醒我们注意：**所谓优势，是要看对于相应对象的价值。**

另一个维度是"擅长"。每个人一定都知道自己最擅长做什么。十八般武艺，不可能样样精通，但你使用什么武器最称手，自己一定是心中有数的。有些优势之所以难以体现，是因为有时候不方便衡量，比如沟通，很难说谁比谁的沟通能力更强。还有的时候，某个人的具体优势，拿出去比较，虽然不见得有多厉害，但是对于他自己而言，这可能就是可以运用的最强优势了。比如小王就擅长文案写作，虽然不是公司写得最好的那个人，但是好像他暂时也没有什么更擅长的了。

这两个对于优势的理解维度都很重要，如果曲解了优势，就很难把优势发挥出来。

天资平平，如何发现优势

不知你是否有过这样的困扰：

看着年会上同事展示各种才艺，一边鼓掌一边自卑地自问：为什么自己不会唱也不会跳？

看着总结会上同事自信而流利地飚着英语汇报工作，你会不会一边羡慕着一边默默地合上自己的电脑？

看着联谊会上同事自如地穿梭在人群中左右逢源打招呼，你有没有想过找到后门溜出去？

甚至，当我们看向镜子中的自己时，总会有那么多不满意：眼睛再大些呢？身材再苗条些呢？

我们都是普通人啊，对比着闪闪发光的同事就会更加觉得自己天资平平，难免会不自信，会自卑，觉得自己一无是处。职场新人更是如此，初涉职场，不知道自己适合什么，也不知道未来的职业方向在哪里，满眼都是迷茫。那我们有没有什么方法能够找到自己的优势，建立自信，让自己也成为别人眼中的发光体呢？

答案肯定是有的。

提供三条路径，你可以沿着这个方向好好梳理：

第一条：梳理过往的成就事件，发现优势

所谓成就事件，不一定是惊天动地的大事，而是那些让你获得了成就感，得到认可或赞美，给了你自信和满足的事。

比如你在学校里因为帮助某个同学，让同学的成绩提升，你因此而获得满足；比如你经过刻苦努力考上理想大学，成为全村人的骄傲，父母也因此脸上有光；比如在社团招新中你表现出色，冲着你来的新生数量居各社团之首；比如在工作中你接受新事物的能力特别强，得到领导的高度认可等。

你可以列出三五件这样的事，写出每件事让你感到满足的原因，归纳整理，一定会找到共通点，而这些共通点无疑就是你的优势了。

第二条：通过别人对你的评价，发掘优势

别人对你真诚的评价中藏着优势，这时候，千万不要一味否定，视而不见。

你可以找到要好的同学或朋友交流，请他们给你一个真实的评价。他们比较熟悉你，平时也会对你有所观察。如果想从他们那里听到真诚的评价也不难，就是在他们每次说到你的优点时，都请他们举一个事例。只要有佐证，就一定是优点。

有句诗这样写：你站在桥上看风景，看风景人在楼上看你。我们只看到别人的闪闪发光，没想到自己也是别人眼中的光芒。可能你没觉得自己的平和是别人愿意亲近你的原因，你不认为自己只用十分钟就能写个通知属于自己的长处……在对方对你的评价中，或许会有一些启发：原来，你是自己蒙上了眼睛，无视了自己的优势。

第三条：探索更多新鲜事物，找到优势

如果通过以上两种方式找到的优势仍然不能让你满意，那就要立刻行动，开始寻找新优势了。切记：优势不是凭空出现的，不是一些听上去美妙的词汇，而一定是藏在你的行为经历中的。所以，如果对自己的优势不满意，那就只有一个办法：继续认真地工作、生活，发现新优势。

生活中可以结交更多的朋友，可以加入不同的社群，多社交，丰富生活的体验；工作中多做事，多思考，多请教。不管是领导安排的工作，同事甩来的杂事，还是自己的日常份内事，都可以把完成工作的标准提高些。遇到不会的就延展学习，让学习的触角伸得更快更广。只有接触得多，才有机会触到你未发现的优势。在对新事物的探索过程中，去积累创造新的成就事件。

职场中，如何发挥优势

在学校时，作为学生，我们总会考虑：哪一个学科学得不好，我要多下功夫，把成绩提上来。而在职场中，作为职场人，我们要考虑的是：我有什么优势，需要创造更多机会，让优势可以发挥出来。这中间的区别在于两种完全不同的逻辑：一个是成长逻辑，一个是价值逻辑。作为学生，为了成长，就要关注值得提升，需要提升的地方。作为职场人，为了创造价值，就要关注当下可以创造价值的地方。毕竟，老板看中的，是你的优势，而不是你的缺点；客户喜欢的，是你的长处，而不是你的短板。

同时，我们必须知道，这两种逻辑并不矛盾，优势出现之前，需要成长，优势出现之后，就可以发挥价值了。只是根据我们的身份，职场上，我们为了获得收入，获得认可，获得成就感，获得更多价值，就必须先要为别人、为社会创造价值，这时候，就需要发挥可以带来价值的优势。

如何发挥优势呢？简单说，就是**把优势安放在最适合发挥价值的地方。**

第一类优势是有显而易见用武之地的技能。比如对于营销人员来说的文案写作，对于技术人员来说的程序设计，对于行政人员来说的文档处理。这样的技能优势，对应特定的职位，容易识别，容易使用，也容易淘汰。

第二类优势是藏在工作后面的综合能力优势。比如销售人员善于观察、善于换位思考，容易理解客户，在沟通中，又善于建立关系、善于倾听、善于说服别人，于是，这些点综合起来，就可以成就一个优秀的销售人员。

同时，我们要认识到，这些综合优势绝非只在一个地方有用武之地。稍加调整，某个产品的销售人员，就可以成为另一个产品的销售人员；面向个体客户的销售人员就可以成为面向大客户的销售人员；做销售可以，或许做市场也可以，做讲师、咨询师也可以……给综合优势找到多种发挥价值的场景，根据场景进行灵活调整，才是让优势真正发挥价值的方式。

第三类优势就是品格了。勇敢、坚毅、果断、好奇、谦虚、感恩……这些是各个领域内的顶尖高手所具备的品格。作为职场新人，如果你具备了这些品格，不要着急，把近处的事情做好，循序渐进，终能为自己的品格优势赢得发挥价值的机会。

要彻底放弃短板吗

有句老话：金无足赤，人无完人。对于短板，可以如此看待：

1. 保持开放心态，看到自己的不足

短板只是代表了我们在某个方面的不足，并不是对整个人的完全否定。就像每个人生来有高有矮，有胖有瘦，平常心对待就好。但短板也不是无法改变的，经过培训和刻意练习，短板是可以弥补的。

2. 扬长避短，而不是扬长弃短

扬长避短这个词实则蕴含着老祖宗的生存智慧。在工作

中，要善于发挥自己的优点和长处，尽量降低自己的缺点和不足对于工作推进的影响，从而更好地取得成功。我们应该做的是避开短板，而不是舍弃弱点，因为很多时候需要我们独立完成一项工作，舍弃弱点的结果可能就是工作无法推进。

3. 短板也是机会，是成长动力

如果你的短板对工作和生活造成了阻碍，那就战胜它吧。短板不是拦路虎，不是过不去的坎，它只是相对于其他强项，表现得弱了些。如果你的前进路上注定要过这一关，这正是你成长的一个台阶。假以时日，即便你终究不擅长，也完全可以把短板补到一个平均水平，至少不会对发展形成障碍。

4. 团队中合作，你的短板就是别人的位置

身处一个团队，每个人都有自己的长处，但没有谁是可以把所有的优点集于一身的。即便有人非常能干，面对大量的工作也难免会分身乏术。个体短板是团队存在的原因，协作是团队存在的价值。当你不再遮掩自己的短板，而是能够看到别人长处的时候，协作就开始了。

每个人都有自己的特点，性格上的不同、能力上的差异、关注点的区别等。长板也好，短板也罢，都是针对于不同场景下的区分。在职业发展之路上，发现自己的优势，并发挥自己的优势。对于自己的不足点不必完全放弃，也不必硬性死磕，能避则避，避不了时就去面对，终有解决之道。

07

"卷不赢，躺不平"的环境中，
如何积累发展的筹码

　　不论是哪个时代出生的初入职场的新人似乎都被贴上过一些不够友好的标签。比如，对于"80后"，当时最盛行的说法就是"小皇帝""垮掉的一代"。到了"90后"进入职场时，又有人说，这是"凋零的一代""颓废的一代"。现在，"00后"刚进入职场，各种扭曲的标签又出现了，说他们是"整顿职场的一代"。"00后"却很委屈：我们整顿谁啊？现在就业都很难，哪还敢整顿职场呢？

　　与其说这些标签是一种歧视，不如说贴标签的人在借机表达自己的心愿。人们总是希望新人能够承载前人努力的成果，可以生活得更好，更加自由，更加富足。然而，不可忽视的是，每一代新人都必须首先面对"前辈们"留下来的难题，而解决这些难题的过程，正是这一代新人发挥价值独特性的时候。

　　所以，才有了"80后"的自由打拼，凭借个人努力闯荡出幸福生活；也才有了"90后"带着满满安全感的自信创业，持续创新。那么，"00后"呢？新生代们已经开始走进职场，他们面临的职业世界，既有不断"内卷"的惨烈竞争，又有可以"躺平"的足够资本。他们在虚拟世界和现实之间穿梭，在二次元和传统文化之间游弋，在外卖和手作之间切换，在沉迷和不屑之间变脸，创新与传统并存，开阔与狭隘同在。

面对一个新世界，在尚未成为时代主宰的时候，新生代们该何去何从？

新生代肯定是不会，至少是不愿意"内卷"的。"内卷"的是他们的父母，有父母"卷"高考，有父母"卷"竞赛，有父母"卷"出国，有父母"卷"特长。因为他们相信"精英"，相信精英带来的物质回报，相信金钱带来的社会认可。但新生代们会说："成为精英又能怎么样呢？"因为他们在没有生存困扰的情况下，考虑的并不是成为人上人，而是成就"独特的自己"。而"卷"的本质是低水平重复，即便是卷出天际，也不过是看谁做题速度快，反应更敏捷，记忆力更好。现在的新生代，完全可以把这些交给机器，腾出手来做更有趣，更有意义，更极致的事情了。

"躺平"也是一个伪命题，因为没有人能真正"躺平"。用以前的眼光来看，有钱了，就有闲了，有闲了，就可以"躺平"了。其实，前者只是后者的部分必要条件而已。真正的"躺平"，是可以忽略自己的存在感的"躺平"。又有谁可以忽略自己的存在感，隐身于世间呢？大家不妨注意一个现象，为什么有些父母一到退休年龄就开始催婚催生呢？在没有了每天的日常工作之后，在没有找到新的自我证明方式之前，他们急于通过另外一种角色来体现自己的存在感。60 岁的人尚且不愿"躺平"，何况二十多岁，风华正茂、精力旺盛、干劲十足的年轻人呢？

"内卷"和"躺平"，并不属于年轻人。

可是，如果外边的环境都满是这样的声音，新生代尚未成为时代主力，还没有足够的话语权时，那又该如何遵循自己的成长方式，积累发展的筹码呢？

升维想问题，深入下功夫，开拓求创新

升维想问题，是要摆脱低水平的思考问题方式，以克服内卷。比如，对于个体竞争而言，把单一维度的成绩或者财富竞争，转变为对于包括健康、关系、状态、能量等在内的多维度关注，以实现持续全面的发展。再比如，工作中，突破仅仅依靠资源竞争和消耗来解决问题的现状，而是通过技术升级、团队协作和分享来实现资源共享和互利共赢。

升维思维已经广泛运用于各类商业模式和社会建设之中。比如对于食品制造行业来说，很多公司已经不再只是销售食品，而是在提供一种全面健康的生活方式，通过提供多样化的健康食品，进而开发社群建设，通过健康资讯、运动健身等多

种元素来吸引客户，增加黏性。再比如城市规划工作，如果留心的话，你会发现近几年来，许多城市的建设已经悄然发生了变化。各个城市开始关注生态建设，关注地方特色，也开始关注独特的产业布局，开始打造宜居乐业的城市。这些不是另辟蹊径，特立独行，而是升维之后，摆脱了内卷，打开了新的局面。

升维思维对于解决个人问题来说，同样重要。比如传统的时间管理问题，虽然人们懂得一些对于时间管理的方法，把手头的事情按照紧急、重要的维度进行划分。但即便如此，有时还是没办法解决一些人时间不够用的问题。于是，就有人开始升维，从精力管理角度来进行自我管理。继续升维，就更多关注到了人生大方向，关注到了价值取舍，关注到了整合资源。再比如人们关注人际关系，如果仅仅从直接的价值交换和短期的功利主义来看，人际关系的维护需要很多条件，但是如果关注到更多价值交换的可能性和能量在关系中的流动，就可以打开发展人际关系的新局面。

升维思维是时代发展的必然要求，也是给新生代的时代红利。想要具备升维思维，一定需要极强的洞察力和学习力。洞察力总会让人跳出表面现象，看到本质，不被无意识的消耗式竞争带偏，有觉察地督促自己持续升维。升维需要维度，只有保持开放地快速学习，才能收获到更多的知识视角，进而能够发展出来不同的思考维度。**洞察力和学习力，就成了具备升维**

思维的必备筹码。

深入下功夫，指的是做事的程度。说到做事，人们总会想到极致，想到匠人精神。但是匠人精神又会让人和终其一生在一件事上追求品质联系在一起。比如"寿司之神"小野二郎，比如从事火箭发动机焊接工作的焊接技师高凤林。然而，深入下功夫，不仅指的是关注品质，更不一定是"终其一生"。

深入下功夫，首先反对的是表面功夫的简单重复，关注的是把事情做好，而不是把事情做完。于是就会既关注品质，也关注创新，既关注成功，也会关注持续成功。**深入下功夫，既需要在一件事上持续下功夫，又需要保持足够的灵活度和应变力，以便随时可以进行切换。**

比如俞敏洪和董宇辉，他们二位一个是企业家，一个是英语培训老师，原来在各自的领域都可以做到极致。然而，市场发生了变化，他们又能够切换进新媒体赛道，做起了直播，用自己的方式卖货，还给直播赋予了新的内涵。再比如李宁、邓亚萍，他们本来也都是体育界的绝对明星。退役之后，他们自己的职业生涯并不会因为运动员生涯终止而黯然失色，而是转型进入了商界，并且依然做得风生水起。他们的案例并不常见，之所以可以达到这样的程度，无非就是在原先领域深入下功夫，做到极致，换了赛道之后，依然可以根据形势变化，持续深入下去，获得新的领域站位。

再比如，随着近些年来传统中式糕点在市场上的日渐失宠，糕点店的老板们不仅从原材料质量、供应链成本、人员配比角度进行成本调整，还会从口味角度对传统糕点进行改良，使用低糖、低脂、高纤维的食材，突出健康元素，从营销、制作、文化等角度，深入挖掘创新元素，从而赢得了包括年轻人在内的更大市场。

深入下功夫，需要的是学习力和专家力。创新源于学习，深入而全面的学习，才能给做事找到一个标准，进而才有可能在此基础之上进行创新。学习力也是应对各种不确定性的必备能力，时代的快速变化要求我们必然会在几十年的职业生涯中面对可能出现的调整，有可能需要换一种新的方式，有可能需要换个赛道重新再来。只有快速学习，并建立一个系统化的专家思考能力，才算是真正的深入下功夫，也才能获得持续的成功。**学习力和专家力，就是可以深入下功夫的筹码。**

最后说说创新。创新无处不在，而新生代最容易接触到并且运用出来的创新，既不是从无到有的创造式创新，也不是修修补补的微创新，而是在拓展之中发展出来的创新。对于年轻人来说，更多的可能是因为拥有足够宽阔的视野，所联想到的由于跨界而引发的创新。

比如，把一些新兴的科学技术，比如虚拟现实（VR）和增强现实（AR）引进餐饮酒店行业，用于糕点制作、餐厅服务等。再比如文创产品跨界，有名的故宫文创，已经跨界到了食品、文具、服饰、艺术品、化妆品等诸多领域。可以说只有想不到，没有做不到。

跨界的拓展创新，基于广泛学习，深刻洞察，还基于对社交的敏感。社交力的背后，是对人的敏感，对人的需求敏感。在未来，年轻一代的关注点，会更加关注人，而不是可以拿出来显示的成绩。**学习力、洞察力和社交力，就是获得拓展创新的筹码。**

有一个网络热词——"四十五度人"，这是人们用以形容那些"想卷卷不动，想躺躺不平"人群的尴尬姿态。而且还经常用来贴在年轻人的身上，说他们既想努力奋斗，又缺乏持久的动力和决心，常常在"躺平"和奋斗之间徘徊。

在我看来，这绝非多数年轻人的真实写照，相反，他们不会"躺平"，也不愿"内卷"。他们正在寻找属于自己的奔跑姿势：升维想问题，深入下功夫，拓展求创新。他们**需要提升学习力、洞察力、社交力、专家力**。假以时日，一旦拿到这些筹码，他们必将开辟一个前辈们想不到、做不来的新局面。

CHAPTER TWO

被看见，
是一种能力

脱颖而出：职场新人第一课

职场新人总是最矛盾的那一拨人。想要大展拳脚，却缺乏职业能力；想要承担责任，却尚未得到信任；想要主动表现，却担心太过招摇；想要踏实干活，却又担心不被看见。

这样的矛盾源自于两个突出的特点：一方面有旺盛的精力，灵活的可塑性，广阔的发展空间，以及对美好未来的强烈渴望；另一方面却又缺乏职业能力，没有职场经验，尚未形成自己的职业人际圈。这两方面特点的对接，是解决矛盾的关键。获得历练的机会，是实现发展的通道。而机会，来自于被看见。

01

第一印象，至关重要

对于职场新人来说，第一次出现在面试官面前，第一次去公司上班，第一次见领导，第一次见客户，第一次做汇报，都会给对方留下第一印象。作为没有圈内知名度，没有业界口碑光环可以依赖的新人，第一印象至关重要。

上班第一天，你如何着装

林小小入职的第一天，可是够亮眼的了。剪裁得体的职业西装裙，带着大大 Logo 的名牌包，高跟鞋踩得咔咔响，妥妥的职场丽人风，一进门就吸引了大家的目光。

张敏敏入职的第一天，扎着学生气的马尾辫，身着格子衫、牛仔裤外加一个帆布包，见到她的那一刹那，我仿佛回到了大学图书馆。

你不是林小小，也不是张敏敏，但你一定会在上班的第一天为穿什么而发愁。

西装革履太过正式，T恤牛仔又太过随便；穿着低调担心被看不起，穿着高调又可能被议论。如何是好？

其实我们只要把握一个原则：你的穿着和大环境相符。

虽然是上班的第一天，但在这之前你已经去公司参加过面试，一定也见过其他同事穿什么。只要你的穿着和大家差不多，站在中间不是格外显眼就可以了。如果这是一家律所或保险公司，大家都是西装革履，你也务必要西装革履；如果这是一家年轻化的网游公司，着装都很时尚随性，你就不必过于拘谨，别太过招摇也别过于随意，穿个商务T恤加牛仔裤肯定不出问题。所谓的和大环境相符，不妨以变色龙做个参照，站在人群中，不仔细看不显眼，这也是一个最保险的方式，不必追求第一天就要在穿着上让人刮目相看。

介于职业装和休闲装之间的商务休闲装，很适合初入职场的新人。价位上不高，很多中档品牌的质量也都有保证，一件商务T恤或小格子衬衫，搭配一条商务休闲裤，很干练又不拘谨，在新环境中不张扬也不落俗。可以待你完全了解了情况后，再根据"大环境"调整。

和大环境相符，同时也要考虑自己的身份角色。毕竟是新人，不必在穿戴上太过于张扬。有些家境富足的同学习惯了穿名牌，一件T恤动辄几千元，一个包几万元。没有明显Logo的还好，如果是大家一眼就能认出的"名牌"，而这个团体多数还都是工资几千元的上班族，那么你第一天就可能被划在圈外了。

除了穿着，交通工具也是"外形"的一部分。即便你有敞篷宝马，公司未必有你的停车位，你不必在第一天就让人知道。坐上一个月地铁、公交车，先观察一阵子再说。在这些外部装配方面姿态略低一些，会让领导和同事们更愿意接纳你。

对于女孩子来说，得体永远大于好看。有些女孩子追求时尚，追求个性。穿前卫的低胸装，穿一蹲下就走光的超短裙，这些都是不得体的着装。职场是个工作的场域，就应该释放工作的信号，而不应形成对工作的干扰。

不管穿什么都要注意细节。比如没有熨烫过的皱巴巴的衣服，洒落在肩头的头皮屑，未及时修剪又没洗干净的指甲，黑皮鞋上的尘土和白旅游鞋的黑边，这些都是细节的减分项。

穿戴是感官印象。你的穿搭也向他人释放着你的风格、风貌。这是上班前必须要做好的准备，提前对着镜子试穿一下，如果镜子中是那个自信、得体的你，就可以过关了。

怎样自我介绍，才能让同事更愿意接近你

多年来，我做了那么多次入职培训，工作中也见证过了那么多的入职时刻。听得最多的自我介绍就是：

我是×××，很开心加入我们这个团队，以后请大家多多关照。

这样的自我介绍，只是一个流于形式的自我介绍。作为老员工可能会想，你是一个新人，我凭什么要关照你？你加入这个团队开心，和我有什么关系？更重要的是，这样草草收场的介绍，可能别人连你的名字都记不住。

那我们应该做一个什么样的自我介绍，才能引起同事的关注甚至愿意多了解你一些呢？

提供三种场景作为参考：

场景一：入职培训课堂

入职培训课堂一般是由 HR 部门主持，新员工共同参加的入职培训。此时的自我介绍中，你面对的对象是 HR 以及和你一同来的新人。你要给 HR 传递什么信息？你要向一起来的新同事表达什么期待？

自我介绍模板：基本信息 + 此刻心情 + 未来期待 + 兴趣爱好

比如：

基本信息：我是林小小，毕业于 ×××，我的专业是 ×××。我入职的岗位是 ×××。

此刻心情：能够被公司录取我感到很幸运，也很荣幸能和各位成为同事。

未来期待：这两天的入职培训，我希望能在 ×× 老师的指导下更多地了解公司，了解岗位，明确我未来要努力的方向。在今后的工作和生活中，我希望能够和各位一起学习，共同进步。

兴趣爱好：工作之外，我的兴趣是打羽毛球。如果有喜欢打羽毛球的同事，以后我们可以约起来！

在这里，基本信息是基础，心情表达是呈现友好，未来期待是表达工作态度，而兴趣爱好是为了帮助你在短时间内找到一个有共同语言的同伴。

场景二：进入新部门

完成入职培训之后，HR会将你转交给所属部门的领导。部门领导会召集同部门的人集合，让你做个自我介绍。在这个介绍中，你面对的是未来的直属上司以及在这里工作多年的前辈。你要给上司传递什么信息？你想给前辈们留下什么样的第一印象？

自我介绍模板：基本信息 + 此刻心情 · 谦卑态度 + 兴趣爱好（突出可提供价值）+ 总结收尾

比如：

基本信息：我是林小小，毕业于×××，我的专业是×××（如果你所学专业和现在的岗位没太大关系，那就不必说）。

此刻心情：能够被公司录取我感到很幸运，也很荣幸能和大家成为同事。

谦卑态度：作为新人，我知道自己缺乏工作经验，毕竟学校里学的知识和实际的工作有很大差别。各位都是我的前辈，以后我肯定会有很多要请教你们的地方，还请各位前辈多多指导（你的职场前辈也都希望能够有新人崇拜自己，能够发挥价值）。

兴趣爱好：我平时愿意研究短视频的制作，如果大家有需要我帮忙的地方，我非常愿意效劳（兴趣爱好不要说什么喜欢看书，喜欢唱歌，最好能突出你可以提供给对方的一种用得着的价值）。

总结收尾：我相信在××总的领导下，在各位前辈的指导下，我会很快适应新的岗位，会成为团队中不可或缺的一员。谢谢大家。

场景三：初次见到其他部门领导或同事

你是一个新人，你来到了一个新环境，所有的人对你来说都是新的。此时不是只认识自己部门的人就足够了，因为随时会有新的面孔出现。但对方多数不会主动来认识你，你是装作没看见不作声，还是主动地做个自我介绍？

必须是主动，但动作也不必过大。

如果对方只是来你们的办公室和其他人交流，根本没注意到你，你大可以先关注自己的工作。如果对方来到你的座位前找你邻桌的同事或领导，看到了你，你就要从座位上起身做好准备了。当他和其他人交流完，你就可以在目光的接触中很自然地做个自我介绍。这个介绍就非常简单了：介绍个人姓名＋上司姓名即可。比如，我是林小小，刚来一周，我是张主任的部下。然后站着，微笑，或许对方会多问一句，或许只是打个招呼，你目送他离开后再坐下。

入职的自我介绍，没有太多深奥的学问。做到真实和真诚就够了，真实的自己，真诚的期待。但真实需有度，真诚要从心。拒绝套话，开放内心，同事们一定更愿意接近你。

与 HR 的第一次正式接触

入职时与 HR 的接触肯定不是你们的第一次接触，电话里可能聊过，面对面的面试肯定见过，但那都还是在考核期。如果论第一次正式接触，应该就是在入职第一天了。

一般的入职培训中，都会由 HR 向新人介绍公司历史、规章制度、福利待遇以及签订合同、办理入职等事项。HR 也一定会在培训中对所有新人的表现有个大致评价，在进行岗位的具体分配时也会将这样的"第一印象"适时地反馈给各部门负责人。在尚未获得更多信息的情况下，HR 给负责人的反馈对你在部门负责人处形成的第一印象至关重要。如何借由 HR 传递出合适的信息呢？

有以下几个关注点：

1. 正向积极的状态

HR 可能不会直接去安排岗位，所以不太会关注专业技能，但 HR 一定会关注员工心态。因为关注员工的心理健康状况也是 HR 工作的一部分。你是积极的还是消极的？你是开放的还是拘谨的？在培训过程中的点头、蹙眉、提问、交流这些细节都会被有经验的 HR 尽收眼底。当然，你的状态也不必太过刻意，只需要尽量保持正向积极，自然流露就好。正向积极的情绪会感染人，正向积极的状态也一定是令 HR 们喜悦的。

2．个人特质与岗位的匹配

"把合适的人放在适合的岗位"，这是人才配置的理想状态。HR 或许会让你做一个霍兰德职业兴趣的测试或是 MBTI 性格测试。别担心，不管是测评还是当面沟通，HR 都希望通过了解你的特质来进行岗位分配。比如你是一个愿意钻研的人，你可能更适合于数据分析的岗位。比如你是一个更喜欢和人交流，给人很强亲近感的人，那你可能更适合服务类或者与客户打交道的岗位。你只需要如实呈现就好，如果你对自己的特质足够了解，就可以重点讲一讲你对未来岗位的期待。

3．对未来的规划

HR 的职业特点导致多数的 HR 都会关注规划，关注目标。如果你还没有想过这个问题，那么现在就是开始思考的时刻了。

入职的前三年，都是学技能、打基础的阶段。就像一颗种子刚刚发芽，需要阳光雨露，需要向上长高，更需要向下扎根。只有根基扎得牢固，保证能健康地活下来，才有日后开枝散叶的发展。你现在要规划的不是职级提升，而是内在成长，学什么、跟谁学、学成什么样，这些都要有具体的目标，然后做具体的行动计划。

　　新人阶段最不应过分关注的就是工资以及如何能升职加薪。每一家公司都有自己的薪酬体系，薪酬的多少往往和职位绩效挂钩。对于一个新入职的新人，还处于学习的阶段，如果过分关注工资和加薪，容易给别人留下不好的印象。

02
如何顺利通过试用期 /

　　新人入职，都会有几个月的试用期。一般来说，如果不出大错，顺利通过试用期问题不大。关键是，需要充分重视试用期，不能把通过试用期作为最高目标，而是要充分挖掘试用期的价值：进入角色，熟悉环境，打好基础。

　　在试用期中，要注意这么几件事：

没有安排具体工作时，要做些什么

　　试用期间，有些公司会将新员工的试用期安排得非常充实，从环境到人员再到企业文化的全面介绍，从业务培训到通用素养培训，从基础工作到参加各类会议，不会让新员工有丝毫失落感。而有些公司却是完全不同的风格，有些新人会遇到另外一种状况。

　　HR 部门完成入职培训，将新人转交给所属部门的领导，领导带你做过介绍，将你领到工位，说一句：先熟悉一下环境，学习学习吧。然后就见不到人影了。

好几天过去了，领导也没有安排具体的工作。你每天对着电脑都是一副装着"学习"的样子，其实电脑上打开的只是空白文档，手里的公司简介和员工手册翻了无数遍了，看着周围人忙碌，尴尬和无聊的感觉充斥着你的内心。

到底要我熟悉什么？我能做些什么呢？一旦遇到这样没有排满日程，需要自行适应的情况，也不要迷茫和失落，用主动出击为自己的职业生涯开路，先熟悉环境，再进入角色。

熟悉环境，分为三个方面：

第一是物理环境。对照着培训中的组织架构了解你的部门所在位置，以及你的关联部门、关联岗位都分布在哪里；你的工位在什么位置，前后左右都是谁；你的领导坐在哪里。当然还有资料室、茶水间、休息区等区域的位置，这是对工作环境最基本的了解。

第二是办公工具。办公工具诸如办公电脑、打印机、复印机、碎纸机、扫描仪，可能还有各种刷脸、指纹的打卡机。办公工具还包括一些日常交流的媒介，是通过邮件还是微信交流，是有专属的办公系统还是采取其他的流程模式，这些都是刚开始就要搞清楚的事项。如果不明白，可以向周围同事求助。这可是一个和同事们建立连接的好机会，礼貌表达求助，虚心向人请教，及时反馈成果，恰当表示感谢。借着这个机会可以和同部门的同事以及 HR 部门的同事变得更熟悉。

第三是人文氛围。这其实是企业文化的隐形部分，却也是很微妙的部分。每天都有晨会吗？晨会是什么形式，都说些什么内容？办公室内的氛围是轻松的还是紧张的？领导是和善的还是严肃的？大家的服装有什么共性？如果没有统一制服，是倾向于随意还是正式的着装？你在这个氛围内的感受如何？是舒适的还是拘谨的？这也是熟悉阶段需要给自己的反馈。

熟悉环境不是默默地自我揣摩，而是一定要在与同事的交流中得到答案。也就是"做什么"的问题。领导没有给你具体的工作安排，你当然不能一直等着，不能像等着老师留作业一样，留了就写，没留就不写。**"主动"是职场上的关键姿态。**

主动去问领导：领导，今天给我安排什么工作？

主动去问身边的同事：我能帮点什么忙？跑腿打杂的事尽管交给我，我也正好熟悉一下。

记得我刚入职时每天都是第一个来到办公室，做好地面清扫、桌面清洁，然后给同事们的杯子倒满水。这样的操作，持续了好长时间，后来又有新人续上，我才"退"下来。时过境迁，现在的办公环境变化了，每个企业的习惯也不一样，但新人眼勤手快，多干点这样的小活，一定会给同事们留下好印象。

可能领导也还没想好给你安排什么具体工作，他手头还有一堆重要的事没处理，或许就淡忘了你这个新人。借由早上的一杯热水，领导也会意识到你一直在诚挚地等待啊。

有人或许会想，没有安排工作那还不好，不是正好可以摸鱼吗？打开电脑，看看小说，浏览下新闻，躲在角落里刷刷视频，打打游戏，一天很快就过去了。可是，你有没有想过，如果这么做，你对于企业的价值是什么？如果价值不足，不要说试用期，即便是已经转正，在需要裁员的时候，肯定也是先裁掉那些"价格"高于"价值"的员工。

没有安排具体工作的时候，千万不要被动等待，也不要独自惆怅。因为这是多数人都要经历的阶段。让自己动起来，多在领导眼前出现，多给同事帮忙，不拒绝小事，别人不爱做的事也争取着做，这正是你发挥价值的时候。保持积极的心态，这样就会缩短你的等待时间。

"满足录用条件"的标准，你必须知道

试用期内用人单位单方解除劳动合同的条件中有这样一条：在试用期内被证明不符合录用条件。很多试用期内想解除合同的公司也是采用了这一条，虽然劳动者深究的情况下仲裁也可能胜诉，但多数人都会在接到公司的解除合同通知后默默离开。

试用期，是一个彼此适应的过程，你有权选择是否继续留用，公司也有权选择是否继续录用。在这相互选择的过程中，录用条件是什么，你在入职时清楚吗？公司有白纸黑字地呈现出来让你确认吗？

随着法律意识的增强，有些用人单位会在入职培训时说明录用条件。量化的指标好衡量，无法量化的就很难说清楚。比如团队合作意识强，工作积极性高。何为强？何为高？其实这也是用人单位在为自己留下可操作空间。为了避免不明所以地"被解除"，你可以这样做：

入职培训时主动地问问 HR 试用期内的要求是什么，期满的录用条件有哪些？最好手里能拿到一份书面的说明。这么做，很像是一个"认真的职场小白"做的事——公事公办。对于新人来说，这么做并没有什么不得体的，反倒会给人留下认真的印象。但如果工作了几年，还这么做，或许就会被人认为是"教条"了，所以，这些事还是越早做越好。

除了在入职的时候直接询问，还必须要做的另外一件事是：要在试用期内分 2 ~ 3 个节点主动地向上司寻求反馈。可以在试用期开始两周后，找到上司，这么说："领导，我学习了什么，做了什么事。我自己也对照录用标准进行了自我衡量。您看我还有哪些地方需要改善的？接下来可以做些什么？希望您给我指个方向。"

主动寻求领导的反馈，一是可以从领导的反馈中知道自己在哪些方面需要调整，二是也让领导清楚你是一个有目标、有标准的人，给领导留下一个良好印象。

试用期是对公司和个人的双向保护，作为新员工，也要注意在试用期内通过平时的沟通和工作，观察、判断公司及岗位是不是你想要的，企业文化是否和你的价值观一致。这是一种双向选择，知己知彼，方能进退自如。

为自己争取留用加分项

在多年职场经历中，有一个职场新人给我留下了深刻的印象。

入职培训之后，HR告知新员工办理录用手续需要提交的证件和表格，要求在两天后交上来。

两天后的一大早，我看见一个小伙子拿着同批入职人员办理手续的证件和表格等在办公室门口，原来他是统一收了上来，准备一起交给HR。

这种主动意识让我内心感动，真心为他的行为点赞。

在试用期满正式录用的名单上，我特意留意了他的名字，想必他在试用期内的表现也是让所属领导满意的。

这也是新员工们要思考的一个问题：初来乍到一个陌生环境，如何表现才能迅速进入角色，给自己加分？除了顺利留用，如何为将来的发展做好准备呢？除了被分配的任务必须保质保量完成之外，还有以下几点可供参考：

主动，是新人最需要展示出来的态度

主动与前辈交流，主动承担一些工作，主动为领导分忧，这不仅体现了你"眼里有活"的职场情商，还体现了你的工作

热情和能力，重要的是，体现了你希望融入团队的愿望。在别人都还在犹豫不决的时候，在别人还在等待工作安排的时候，你一定会因为主动而在人群中脱颖而出。

与周围同事建立和谐关系

有很多职场新人喜欢拿性格内向来为自己的独来独往辩护，然而，要意识到的是，职场是一个团队，需要人与人之间更多地交流与沟通。如果把必要的沟通作为工作的一部分，性格特点就不应成为挡箭牌了。见面主动地打个招呼，"顺便"帮同事带一杯咖啡，带一些家乡寄来的特产与大家分享，这些小事会拉近你和同事之间的距离，也更利于工作上的合作。

学习能力

对于职场人来说，学习能力意味着一个人的发展潜力。很多工作都不是学校里学来的，而是需要在陌生的环境下重新学习。而职场上的学习又和学校大不相同，学校里有练习题有明确的分数，职场上关注的是对未知事物的探索欲望，考察的是对新事物的接受能力，以及对一项陌生技能的掌握速度。你是否对新技术有好奇心？是否能快速掌握新技能并且很快上手？是否有持续学习的渴望？这关系着你日后职业发展曲线的上升角度。

试用期结束前主动向领导表态

已经与领导有了一两个月的接触，不必被动等待，完全可以在试用期结束前主动表达自己的愿望。如果留用的比例是确定的，领导可能正在 A 和 B 间摇摆不定，你的主动表达绝对是加分项。需要注意的是，你要表达的只能是自己的愿望，而不是逼着领导表态。

快速融入团队的本质

很多场合下，我们都经常会听到"快速融入团队"这个说法。如何才能"快速融入团队"呢？其实，这样的说法很容易让人跑偏，误以为一味地"主动积极"就可以了。

前面，我们讲到了很多注意事项，不管是给领导同事留下好的第一印象，还是尽快熟悉环境，尽快进入角色，或者表现得主动一些，这都是融入团队的方式。然而，我们必须要注意一点：融入团队的过程中，尺度非常重要。很多职场新人会困惑：到底要主动到什么程度？我已经熟悉环境了，还要做什么？做得太多会不会太招摇？承担的太多会不会成为冤大头？这里就要谈到**快速融入团队的本质——活下去**。

熟悉绿化园艺的人都知道这么句话：树挪死。说的是，一棵树因为生存条件的限制，如果换一个环境，很可能不能存活。很多植物都有这样的习性，一盆花换换土，还得缓几天呢。同样地，对于一个需要融入新团队的人来说，能在一段时间内"活"下来，就是最快速的融入了。

曾经，一些管理专家专门做过一些数据统计，不光是职场新人，即便是有着多年职场经验的人跳槽，进入一个新的团队，前半年都会有一个"不稳定期"。这段时间内，个体与团队需要不断磨合，或是大家做事的风格不一致，或是在一些具体事情的价值观上出现分歧，又或者是工作习惯没能适应。总之，这段时间的离职率很高，既有员工主动离职的，也有用人单位辞退员工的。过了这段时间，磨合期也结束了，彼此之间形成了默契、认可或者妥协。个体的职业发展就开始稳定了，各方面的收益也开始呈现上升曲线。

看到这样一个基本规律，作为暂时还缺乏职业资源和发展机会的职场新人，我们再去看融入团队这件事，就很容易得出一个结论：不管是采用什么方法，在具体的环境中，我们需要思考的，就是如何才能持续地"活"下去。

在这个过程中，并不是一味"卑微"地献殷勤，也不是毫无原则地求认同，而是认真地了解环境，理解规则，找到自己的身份定位。

多年前有一名实习生，她的"热情似火"至今还令我时常想起。同事们都夸她"太会来事儿"，办公桌上的茶杯，喝一口她就马上给续上，搞得我很不自在；一大早在楼梯口等着国外同事到场，为了练习口语没话找话；本职工作完成得很不错，但为人处事用力过猛，完全打乱了我们以往的节奏，试用期还没满，我们就礼貌地请她回去了。

很显然，这个实习生的"热情"不符合场景。

一个女生刚到新公司两个月，就感觉被孤立了。工作没少干，同事谁有活她都去帮忙，和大家沟通交流得也不错。但不知什么原因，上周末的团队聚餐没人通知她参加，而且同事们之间闲聊时似乎也有意无意地躲着她。这让她很是迷惑烦恼。

直到经由朋友四处打听，才终于搞明白，原来女孩家境殷实，每天上班开着宝马敞篷车，一身名牌，中午从不去公司食堂吃饭，还总说食堂的饭菜没法吃。她释放的这些信号，都是"我跟你们不一样"的信息，她表现得再积极主动，大家都会觉得那是故意为之，难怪同事孤立她。

看到这些例子，我们很容易就理解了，**所谓低调，本质上不是你主不主动，张不张扬，而是不要破坏原有的环境氛围。**

作为新人，合同规定的试用期也好，职场开始的适应期也罢，最重要的是，要像一棵变换了生存环境的小树，先熟悉环境，从环境中汲取营养。然后向下扎根，发展自己，长出树叶，开出花，成为融入环境的一抹新绿。

03
简单重复的工作，
如何做出价值

职场新人最不爱做简单重复的工作，因为这些"人工智能都会做的工作"让人体验不到价值感。但职场新人好像也只能做简单重复的工作，因为还没有储备足够的专业技能。

矛盾就来了。

小 A：前台接待兼行政文员。每天的工作是在前台登记来访人员，为出差的同事预订机票、酒店，在大型会议前做好会议准备，有重要访客时还要兼职茶水礼仪。

小 B：设计部门技术员。每天画图拆图，整理图纸。工作中运用的全都是最基础的知识，自述工作内容没有任何技术含量，也不允许改动创新。

小 C：产品讲解员。每天向客户一成不变地讲解已经背得滚瓜烂熟的讲解词，从公司历史到未来展望，从产品性能到产品用途，日复一日。

这些工作，都是简单的、重复的工作。刚开始时觉得新鲜，时间一长，难免厌烦了这种一成不变。想起当初的踌躇满志，再看看自己做着的没有什么技术含量的工作，时间越久，就会越恐慌。是啊，自己不成长，必然不会增值，将来怎么办？

这件事需要分层来看：**先要看到价值，进而深入地创造更大价值，最后通过抓住机会来给自己塑造新的价值。**

简单重复的工作就没有价值吗？ 肯定不是。最基本的判断：老板不会无缘无故地花钱雇人，一个职位的报酬就说明了它的价值。未来，有些工作或许会贬值，有些工作或许会被替代，甚至会消失。对一个难以直接提供更大价值的职场新人来说，看到一份工作的价值，并投入其中，是破局的切入点。

为同事们预订机票、酒店，为出差人员提供了便利服务、节省了时间，将费用预算控制在公司统一标准内，这是行政工作可以创造的价值；画图拆图，是按照客户要求做好设计，让员工按照图样进行生产，为生产提供了依据，也达成了客户的需求，这是技术员可以创造的价值；专业的产品讲解，不仅让客户全面地了解了公司历史、产品信息，更看到公司对客户的重视、对业务的精专，对公司的宣传起到了一定的推动作用，这是产品讲解员的价值。

对职业价值的定义，首先要找对立场，不是从你对自己未来考虑的视角看，而是从别人的视角来看，你对他人是否"有

用"，是否帮助了他人，是否提供了他人需要的服务、产品。如果是，那这份工作就是有价值的。看到工作价值，会让人更有信心，在此基础上，我们再考虑如何深入创造价值。这时候，就需要从个人发展角度来看了。

有些工作虽然有价值，但如果只是停留在简单重复的阶段，一定会消磨意志，一定会陷入到低水平徘徊的困局。当我们在追求持续成长，追求未来更大发展空间的时候，就是在追求成就感。而我们面临的困局是暂时没有别的机会，那么，就需要解决一个问题：**如何将简单重复的工作，做得有声有色，做出价值感，从而获得成就感？**

要想在简单的工作中创造更大价值，可以从以下几个方面着眼：

1. 找到提升价值的关键点

不同的组织对待工作的要求不同，然而，完成标准的高低不仅藏在工作中，也藏在你要服务的"客户"心里。

就拿订机票这项工作为例，我们曾经在不同的企业做过一项小调查。问他们平时是按什么标准操作的。有的企业说机票费用只要在预算内就可以，有的说出差人自己预订，还有的说，平时预订也不多，没想过具体标准，各家企业的说法不一。

越是被认为是简单的，不被重视的工作，其实做好的可能性越大。因为，人们从没想过提升工作的价值。而价值提升

点，也正是一项工作的关键。

订机票，听上去很简单，给航空公司打个电话，或者网上下单，就可以解决。但是，关键点在哪里呢？怎样才能被称作"好"呢？谁来评价这个好？是行政部还是财务部？是老板还是出差人？在规则允许的范围内，最关键的人，就是出差的这位同事。那么这位同事就是我们面对的客户，我们是为他而服务的。为客户提供优质服务，是这项工作的关键。

有了明确的客户，接下来的工作就更加具体了。客户的要求是什么？客户的习惯是什么？客户到了目的地之后是否还要转机，是否还要转乘其他交通工具？客户此次行程是否还有同行者？

如果你是第一次为这位同事订机票，肯定没有太多信息。不妨先向同事了解一下，也可以主动问问对方有什么具体要求。将想到的关键问题做个表格，在表格里列出航班的时间倾向、航空公司的偏好、座位的偏好等，以请求帮忙的方式询问对方：张经理，第一次为您订机票，您方便时帮我填下这个表格，好吗？这样我可以提前做好准备。

这个询问表以打钩的方式进行，既不遗漏关键信息，又简洁明了，填表时间可以控制在 3 分钟以内，既帮出差同事节省了时间，又能迅速达成让对方满意的结果。一位新人能在订机票这样的小事上做如此准备，这会不会让你的同事有一点感动？信息只需要收集一次，然后记住每个人的偏好，以后每次订票时都要考虑到。这种细心，怎会不得到好评？

站在用户的角度去做事，是服务工作的根本。

2．通过流程提升工作可靠度

在做简单重复工作的时候，要记得对自己"淘汰"：如何提升效率？如何找到替代的方式和技术？

提升效率的方式，无非两种：用工具和用流程。用工具，提升单个环节的完成速度；用流程，提升整体工作的可靠度。比如，前面订机票的工作，如果把了解客户需求和订机票的工作变成一个人人可以操作的流程，再用软件或者工具来实现流程操作，那么这份工作就可以减少工作量，进而可以减少工作人员。

流程在简单重复的事务性工作中更为重要。比如行政人事工作，从考勤记录到工资发放，从访客接待到会议准备，这些工作都值得制定流程，并且展示出来，传递出去。制定流程的目的也很简单：如果是新人或者其他同事接手这项工作，照着流程操作就不会出错。我们需要做的，就是每年对流程进行定期调整，及时更新。

3．寻找改善工作的突破点

有了流程就有了标准，接下来这项工作就可以照着流程做了。但如此往复，又会回到那个简单重复的循环。此时，要体现价值，就需要寻找新的突破点。

以预订机票为例，这个工作能否找到突破点呢？信息的收集方式是否可以改用小程序进行？航班的确认环节是否可以更加简化快速？机票价格变化时谁来决定是否出票？如果将着眼点放在用户的体验上，同时考虑节省公司成本与提高工作效率，做到服务与环境、时代的变化同步，一定会找到新的突破点。

突破，不仅为了将某一项工作完成得更好，同时，也是在对一项原本简单的工作进行延展，逼着自己提升能力，推动自己不断创新。

岩濑大辅在他的《99%的新人，没用心做好的50件事》中曾讲过：单调的工作更应该条理化，游戏化。任何无聊、单调的工作都有改善的余地，如果我们能这样思考问题并积极地寻求改善的方法，单调乏味的工作也可以变得不一样。无论什么样的工作，都可以加入自己创造的"附加值"，如果经常这样想，主动下功夫，并不断做出优于他人的成果，那么下一次你所接到的工作，一定不再这样单调了。

"简单的工作重复做，重复的工作用心做"。这是多年前，我在一次入职培训时听到的一句话。不要对眼前的工作厌烦，认为它很简单。一个工作，做一次简单，那么提高效率呢？优化流程呢？提高客户满意度呢？创造惊喜时刻呢？如果把这些都加进去，工作的价值就提升了。

不要对看上去"高端""复杂""关键"的工作有超出现状的期待，其实，我们正是站在通往高价值工作的路口。你是会通过创造价值来为自己铺设进阶的台阶，还是只会望而兴叹，一边抱怨，一边停滞呢？

只有低水平重复才是没有意义的"卷"。不要被卷在简单重复的车轮里，而应像海浪一样，翻滚着，拥挤着，做那朵最高的浪花。

如果说创造价值会让一份工作为自己赋能的话，那么，比创造价值更高级的是塑造价值。因为创造价值还是在一个有限的范围内发挥创造性，而塑造价值，则是可以完全换领域塑造新价值了。这里的关键点在于：**果断抓住工作中出现的"机会"。**

很多成功人士在回顾自己的过往经历时，都会讲述那个曾改变他命运的机会。抓住了机会，人生就此出现转折。但对于初入职场的新人来说，每天只有埋头听命工作，那些能改变命运的机会又藏在哪里呢？

小辉刚参加工作时，是一名普通的酒店总机接线员。经常有外国客人打电话到总机求助，又不会说汉语。小辉敏锐地觉察到这是一个机会，一个可以让他从总机小屋通往外界的机会。

小辉在只有高中学历的基础上自学英语，总机室只要有外国客人的来电，都是小辉去接。时间长了，常住客人也熟悉了小辉，预订房间都是直接找小辉联系。

在一次大型客户答谢会上，小辉被临时借调到营销部帮忙，并在与只闻其声不见其人的客人见面后的交流中也表现得很大方得体，活动后小辉就被正式调到营销部，实现了从总机接线员到营销专员的转变。有同事笑言，小辉是顺着一根电话线成长起来的。

机会是留给有准备的人的，小辉通过观察锚定了自己的职业目标，自学英语，这是为实现目标做的努力。酒店经理能临时借调他去帮忙，这是给他的机会。而小辉的表现也没有辜负这个机会，果断抓住，漂亮转身。

机会，不会贴着标签出现。领导安排新工作给你，本身就是机会。"抓住"是一个瞬间的动作，持续行动才会有成果呈现。你的能力、才华只能通过做事的过程得以展示，特别是在做没做过的"新事"，有挑战的"难事"时，更能展现。在做事的过程中你会遇到困难，解决困难的过程会提升你的专业技能、沟通能力等。在做事的过程中你也会接触到更多的同事、领导、客户，在接触人的过程中你会学到新知识，会开阔自己的视野，会提升自己的认知。如果你得到了对方的认可，可能又会有新的机会出现，所有的机会都是从别人记住你开始的。

有很多职场新人看不到这些机会，对目前的工作不满意却没有确定新的目标，有的只是抱怨，抱怨时间长了就干脆"躺平"。或者说只认为升职、加薪才是机会，不去做不加薪、不升职的工作。就这样，在抱怨和短浅中白白地错失了好多充满着可能性的机会。

　　职场中有一个基本的规则：先有价值验证，再有价值肯定。 就像是在市场上买货，先要"验验货"。买点水果都可能要先尝后买，职场上更是一样。你的客户、准客户、雇主、未来雇主都会先看到你的能力，预测你的价值，然后再赋予你相应的升职机会。什么都不去做的情况下就想升职加薪，几乎没有可能。同理，先将事情做好，将能力提升，将人脉资源维护好，升职加薪也必然是水到渠成的。

04

微信群里的职场"社交"

这个时代，人与人之间的交流方式一直在发生着变化。

伴随着互联网的出现，人们开始使用电子邮件，后来用
Skype、MSN、QQ，一直到最近十年，微信、企业微信被广泛
使用。

很多公司将微信作为基本的工作交流工具并建立工作群，
在群里发布文件、通知。特别是疫情那几年，使大家养成了线
上办公的习惯。无形之中，工作环境就被延伸到了线上，工作
时间也被无限拉长，更多的"风险"也应运而生。

- 领导在群里发个会议通知，满屏的"收到"。领导不得
  不说：不用回复，看到就好。
- 领导在群里问：明天需要 3 个人加班。谁能来？没有一
  个人回复。你可以来，但你要不要在群里回复？
- 领导在群里转发了一篇创建学习型组织的文章，大家都

回复"学习了"。你该说点什么？

- 同事在群里抱怨：这一天天的，累死了。你是安慰还是沉默？

如果是现实场景下，面对面传达的通知，无须回复收到或没收到；对于同事的抱怨或许一个眼神就可以安慰，但是在微信群这样的环境下，不再是一对一交流，而是一对多的交流。不再是现实中可以让对方听出语气，看到表情、动作的话语，而是一段有着千人千面解读方式的文字。你回复的是一个人，却有一群人在围观。是否回复？如何回复？是复制粘贴别人的回复还是自己编写？首当其冲，还是视若无睹？

首先要清楚的一点是，工作微信群，同样是工作中的交流，你的角色没改变，和老板、同事的关系也没有改变，交流的目的依然是解决工作中的问题。所以你仍然需要把工作中的态度带到群里去，甚至因为有众多人的围观，你可能比现实环境中更要得体守规。

虽然每个单位都有自己的企业文化，但是以下注意事项可以说是工作微信群的基本社交礼仪了。更重要的是，透过这些基本礼仪，我们要深入理解职场中的工作关系。

1. 工作群里不要用昵称，要用实名

加入工作群，第一件事就是把自己在该群里的昵称改成实名，让领导和同事都知道你是谁。实名，代表着你对这个群的

态度：在这里你与实际工作场景中的态度并无二样。

2. 不发语音，发文字

工作群内尽量使用文字，这一点也基本上是共识。

首先，我们要考虑微信另一端的人，如果他们想听语音微信，噪杂的环境下听不清，安静的环境下一不小心外放又不合适。但看文字信息则没有这些条件限制，只要你能看手机就能看文字信息。再者，输入文字信息时能够边输入边思考，避免某句话没认真考虑清楚就发出去的情况发生。

3. 不要"潜水"，要露脸发声

每个社群中都会有一些长期"潜水"的人。如果是在公司的大群，有上百人，那无可厚非，一般这样的群，就是个信息通知群。但若是部门的小群，或者是临时项目群，经常有讨论、有互动，如果再长期"潜水"，则非常不妥。或许平日工作中，你就不善言谈，但画面已经转移到网上依然不说话，是要做个"小透明"吗？

除非是就某个问题征求大家意见，需要接龙，否则可能不会有领导特意要求你说话，或许也不会有同事去特别地提醒你。但是你要知道，换在别人的视角来看，一定会想：这个问题大家都怎么看？没发言的是什么想法？他们是不是不同意啊？这个信息大家都看了吗？都有什么感想呢？难道没看出来我的意图吗？怎么张三总是一言不发？他是不想融入团队，还是有什么别的想法？

虽然和同事总会见面，但是微信工作群又经常是一个很特殊的存在，就像公司的茶水间、休息室一样，在里面露脸发声刷存在，也是一种必需的表达。

4．不要抱怨，要积极

抱怨很简单，"累死了""烦死了""真是没完没了"，烦了累了的时候随口就会溜出来，自言自语没问题，触景生情，偶尔和身边同事抱怨一下也没问题。但如果将这样的话发到微信群里，问题就来了。

平时工作中说的做的，可能领导看不见，过去就过去了。但微信群不一样，在微信群里的发言，就是留下了明晃晃的证据。说不定领导偶然翻到微信，恰巧看到了你这句"累死了"，会不会想到你是能力不足感觉累？说不定昨天会议上有冲突的同事，碰巧看到你这句"烦死了"，会不会认为你这句话是针对他？说者无心，看者有意。对于可能给自己带来不可控影响的负面情绪表达，还是不要发到微信群里。

5．不要太快回复消息，也不要让领导唱独角戏

这听上去有点怪吗？不要太快回复？看到了难道不回复吗？还要等一会儿？

在工作时间内，太快回复说明什么？之前，网上传过一个段子，老板在群内发了一个红包，然后开除了第一个抢红包的人。虽然这有点"钓鱼执法"，但也能看出老板的心思：反应这么快，看来没好好工作呢。或许，你当时正在用手机工作，

但是从老板的角度来看，微信是一个聊天工具，除了一些特殊工作岗位，你不该在上班时间对着手机全神贯注。

从另外一个角度来看，就像是在开会的时候发言一样，太快回复难免考虑不周。如果不是单独 @ 你回答的事，可以看看其他人的反应，或者自己梳理下思路后再说。

不要太快回复，并不是要求你一直等待到别人回复之后，自己再发言。等来等去，领导发了消息没人回复，造成了领导唱独角戏的局面，这样就很尴尬。立刻回复不行，一直等着也不行，这个尺度似乎不好把握。其实，背后的逻辑很简单：表达自己，照顾同事。

微信群是一个工作场景，我们需要扮演的是一个工作者的角色。所以，每次发言都必须严谨负责。同时，还要照顾到别人的情绪，特别是，需要回复的往往是领导。如果大家都不敢回复的时候，要懂得救场，至少要让发信息的人知道，已经有人看到了信息。

别人鲁莽，我谨慎；别人害怕，我担当。

6. 不要长篇大论

创建工作群的目的是为了方便工作中的信息交流，便于发布通知指令，不是用来交流思想、汇报工作的。不要长篇大论地在群里写小作文，写思想汇报。如果你要汇报工作，那需要找领导一对一汇报，在这个公共的环境里不合适，领导也不便表达。

更要注意的是，不要在群内 @ 你的领导，让领导回应你的问题。对领导的回复要简练干脆，与同事的交流要清晰直接，用简练的文字展现出你的干练。

7．不要截屏转发

截屏，是手机的一大功能，但是在工作群或者和同事沟通的时候，一定要谨慎使用。

工作群中涉及的工作内容，本身就属于公司内部或是部门内部的信息，不应该截屏对外转发。网络上也曾爆出过因为工作群中的某句话被截屏转发，而引发人身攻击或劳动纠纷的事件。如果截屏内容只是全部内容中的一部分，很容易断章取义被人利用，造成不良影响，如果寻根溯源，截屏者可能就会成为始作俑者。

即便是在公司内部，动不动就截屏之前的聊天记录，也会给人一种"抓住证据"的感觉。或许你担心曾经的沟通对方已经不记得，或许你担心当时对方的承诺只是随口一说。如果你希望同事、领导兑现当时讲的事，最好的方式，就是以回忆的方式来提醒："我记得您说过……要不，您查一下当时的记录？"可千万不要先截个屏，然后得意洋洋地发给对方，什么文字也没有，似乎是在说："看，被我逮住了吧？还有啥可说的？"这种情况下，即便是对方认了，也会因此给对方留下一个坏印象。想想看，谁会愿意小心翼翼地和一个像侦探、间谍一样的人共事呢？一句话说不对了，可能就掉坑里了。

即便你是领导，也绝不要这么做。如果一件事真的很重要，一定要专门强调，最好的方式就是当面强调、开会强调，做好会议纪要。这样的形式本身就在提醒同事，这件事已经形成决议，是要兑现的。

这些微信群里的社交礼仪，也是职场中的"潜在规则"。罗列这些，不是想说职场环境的复杂，而是要提醒新人们注意，在不同环境之下，角色意识的重要性。当面也好，网上也罢，**变化的是场景，需要调整的是表达方式**。任何一种游戏都有游戏规则，如果你想在游戏中玩下去，就必须了解规则，遵守规则，否则很容易莫名其妙地就被踢出局。

微信虽然被广泛应用，但还是建议工作中比较重要的事项要通过邮件或面对面进行交流汇报。微信虽然便利，但泄漏信息的风险也很大。对信息安全比较关注的企业会与员工签署保密协议，确保不用微信等社交软件传递重要信息。即使你的公司没有特别说明，工作中我们也同样要注意信息的保密。

除了聊天功能，微信还有一个重要到不可忽视的功能：朋友圈。

原本陌生的两个人第一次见面，不再是留个电话号码而是扫一扫加个微信。如果你想多了解一下新认识的人，先去对方的朋友圈走一遭，对于对方的工作、生活、兴趣、爱好也就了解了五六成。如果对方的朋友圈是三天可见或是一条横线下的空空如也，你多少有点失落，怎么啥也没有呢？是不发朋友圈还是将我屏蔽了？

微信朋友圈，本来是一片自留地，是一种记录自己生活的方式。但慢慢地，被人们发掘成了打造个人 IP 的渠道，成了了解他人信息的第一入口。当然，也有些人因为工作性质，刻意选择了关闭朋友圈，或者除了被要求的转发外，朋友圈里冷冷清清。无论如何，别人朋友圈里的内容我们无法评说好坏。但当我们意识到朋友圈是一种面向特定人群的重要展示区域时，就需要花点心思经营一下。展示出你想展示的，隐藏你需要隐藏的。

微信朋友圈的分组功能，充分考虑到客户的需求。每个人身边都有不同的关系，但大体也就分为工作和生活两类。你完全可以按照关系来分组，工作上的领导、同事、客户可以分为一组；生活中还可以按家人、朋友等不同的类别来划分。随时随刻的生活记录、甜蜜时刻、情绪心事、工作成就、未来展望，你都可以根据自己的需求按照不同的分组来展示。

对于职场新人而言，公司领导和同事希望看到的是一个热爱生活、心态阳光、积极进取的年轻人。你不必每天标榜自己多么辛勤劳动，可以偶尔呈现对自然的热爱，晒晒周末运动登山的照片、早起晨练的记录，你还可以写一段看了某本书的感悟，或者是对某种兴趣爱好的痴迷探索。这不是弄虚作假，这也是你生活的真实写照。只不过，是全部生活中有必要展示给同事的部分，是你的另一种信息释放渠道，是你职业名片的一部分，是需要别人看到的你。

如果你在朋友圈看到一个同事发出对生活的抱怨，对一些现象的忿忿不平，像火药桶爆发一样的情绪发泄，恐怕很难过去点赞。除了装作看不见，这样的信息还会让同事客户想到：这是一个自我情绪管理不太好的人吧？这是一个不太容易打交道的人吧？这是一个负面消极的人吧？这是一个愤世嫉俗的人吧？你看，这些评价，都不利于工作的顺利开展。发这样的朋友圈，让同事看到，又何必呢？即便真实，也无必要。

微信是大家常用的一个移动端即时社交工具，不管是微信群，还是朋友圈，都在延续着工作场景。其他的在线工具也都如此。了解这些职场社交，有利于我们更加深入地理解职场关系，加强角色意识。看似的"规则"和"潜在规则"，其实，还都是关系和角色使然。

你的成熟，是因为看懂了这些规则背后的逻辑，随心所欲不逾矩。

05

团建活动，要不要参加

"团建"对于职场新人来说，或许是一个新名词，字面意思是团队建设。你可以联想成学校里的一次主题班会、一次运动会或一次春游。学校里的活动，没啥可商量的，都得参加，同学们也乐于参加。工作后的团建都有什么形式呢？又是什么目的呢？必须得去参加吗？这是很多职场新人并不清楚的。

团建活动，必须要参加吗？

团建形式多种多样，常见的有：户外拓展培训、爬山郊游、主题沙龙、休闲茶会，甚至聚会吃饭。可以说，但凡是以公司名义组织的集体聚会，都可以称为团建。团建，表层意义是为了更好地促进员工间的沟通和交流，增加团队的凝聚力。更深远的意义在于还要传递企业的文化，引领团队的方向。特殊的团建，还有组织者具体的目的。

有些团建会放在工作时间，但大多数团建活动多选择在休息日，这就让很多人有些纠结，甚至心有不满：如果参加吧，毕竟是公司组织的，参加者都是同事，还有领导，感觉就像是在加班；如果不参加吧，同事们都去了，自己不去，又显得不合群。当然，有些开放型的组织并没有强制要求每个人都必须参加团建，而是采取自愿形式。

如果一定要给一个明确建议的话，对于新人来说，无需犹豫，如果没有极特别的事情，是要参加团建的。原因很简单：团建是职场活动的延续。不是加班，有时候却比加班还重要。

具体来说说要参加团建的理由：

1. 参加团建表明一种态度，一种你愿意融入集体的态度

这是一种除了工作，业余时间你仍然想与同事们有更多接触、更多交流的开放态度。你对别人的态度，决定了别人对你的态度。你开放，别人就对你开放；你封闭，别人也不会对你敞开心扉。团建氛围之下，是一种不同于日常工作场景的工作场景。同事关系不变，但是人们更为放松，彼此之间会看到更加多维的一面。

虽然很多人崇尚工作是工作，生活是生活，工作之外是一个完全不一样的自我。还有人崇尚"自由"，认为工作之外的时间就完全属于自己，公司不应该再用团建之类的名头来占有自己的业余时间。但我们要知道的是：工作与生活本身没有截然区分的分界线。

同时，还要知道，团建本来就是工作的另外一种呈现而已，只是换了一种场景的工作，目的是为了让大家在相对放松的情况下加强彼此亲密度，这样更有利于工作中的合作。更何况，团建也不总有，一年也就屈指可数的那么几次，没必要为此太过较真地强调生活空间的自由，否则，就真是不太适合在职场发展，应该换一个更为自我的工作方式。

2．团建是一个加强彼此了解的机会

参与团建是一个你能够更多地了解公司，了解同事们的机会，一个你可以更好展示自我的机会。在平时的工作时间，大家都是处于工作中的状态，所谈论的都是工作内容。现在借助这样的非工作时段，你可能会了解到更多的信息。比如公司曾有过的大事件，比如同事们的兴趣爱好。你也可能有机会更多地展示你自己，比如你乐于助人的品质，比如你在某一方面的天赋特长。

千里马不是只在工作中才会被发现，很多机会，就是在工作之外的活动中意外降临的。

当然，也没必要因为自己没有什么才艺而感到自卑或者对于参加团建发怵。你有才艺当然是一件添彩的事，大家高兴的时候，你来献唱一曲，或者舞之蹈之，或者弹奏乐器，变个魔术，都是为大家助兴。但是如果没有这些才艺，也可以关注你可以做的事情：团建过程中，帮助组织者张罗安排；吃饭的时候，帮大家添茶倒水；出行的时候，关注队伍行进以免有被落下的成员；有人不舒服了，及时帮忙救助。这些事，都是一个积极主动的职场人会做的，因为他们知道这些都是职场工作中不容易出现的可以服务大家的机会。

3. 团建是加强连接的最好时机

除了彼此了解，有效展示外，你还可以再向前一步：与你的领导聊一聊你对未来的设想，与你的同事聊聊过往的经历。说不定在哪一个点有就有了契合，说不定就连接上了你未来人生路上的导师或挚友，说不定，更多的梦想画卷，就此展开了。

除了以上这些显而易见的功能，团建或许还有很多不易被人觉察的目的。

4. 团建，是另一种形式的筛选

如果说团建是另一种形式的筛选，你会不会觉得我想得太多了？

没错，有时候，团建的目的就是为了找到合适的人。

在一次中层管理者以上人员参加的野外拓展和集体会餐中，一位资深的 HR 顾问受邀参加。活动后，老板向这位顾问征求对某些管理者的看法，希望从 HR 顾问的角度了解更多的信息。当时他想确定一个接任副总的人选，在 A 和 B 之间犹豫不定。这次团建活动后，他很明确地得到了答案。

一个新员工参加了一次户外拓展培训的团建活动。在一次悬崖探险的活动中，每个人身上拴一个保险绳，在即将下跃的前一分钟，这个新员工再次检查了自己和旁边同事的保险锁扣，发现同事的保险锁扣并没有扣紧，于是喊来教练再次确认。几个月后，大家都已经忘记了这一幕，但是老板却因为这个细节，给了这个新员工一次转岗升职的机会，把她作为重点培养对象。

赵昂老师所研发的大型团队体验活动——洞见生涯游戏，很受 HR 和管理者们的青睐。其中一个重要的应用场景，就是在给招聘面试中的应聘者或者入职之后的新员工进行培训。看似是一个大家都愿意投入的游戏式体验，但这个游戏的一个最大亮点就是无人能够置身游戏之外，或多或少地会表现出来自己的特征。而这些在面试中或者谈话中看不出来的特征，正是面试官和未来团队管理者希望了解到的。

所以说，团建虽然经常表现为轻松的活动形式，让员工放松心情，调整节奏，增强凝聚力，提升士气，但绝不只是轻轻松松的休闲娱乐，也不只是简简单单的吃吃喝喝。团建更是管理者的一种观察，一种筛选。团建中没有正式问答，没有正式考试，但处处都是考试。

筛选的标准是什么呢？还真的很难给出一个统一的标准。毕竟，每次筛选的目的不同，企业不同，筛选人的标准也肯定不一样。但可以预料的是，无论是谁来筛选，最终都是在筛选与其价值观相同的人。领导在筛选与组织价值观一致的人，在筛选更适合下一个机会的人，在筛选能为自己所用的人。同事在筛选与自己兴趣相投的人，在筛选更适合一起合作的人，在筛选日后可能成为朋友的人。

"猫王"埃尔维斯·普雷斯利说过这样一句话："价值观就像指纹，你做的每一件事都会留下痕迹。"你无须刻意标榜自己是什么样的人，别人通过观察你的处事态度、方式即可一目了然。工作之外你的行为风格是怎样的？紧急情况下你的第一反应如何？人际交往中你是自如的，还是局促的？集体活动中你是认真的，还是敷衍的？都会在各类活动中的应激反应中体现出来。

所以，作为职场新人，我们也不必因为团建活动的种种功能而紧张、担心，而是要关注：通过团建活动，我有什么可以提升的？团建活动不过是一个载体，是一条通路。从这个角度来讲，团建和别的工作场景一样，都是人生修炼场。

说完了参加团建的目的和功能，我们再来看一个让很多职场新人感到头疼的话题。

团队会餐，要不要喝酒？

因为会餐是在非工作场合，首先可以肯定的是，团队会餐，一定少不了酒。作为一个职场新人来说，当同事们一起举杯的时候，你要不要喝酒呢？要不要给领导敬酒呢？要不要像电视剧里那样，先干为敬呢？

讲一个现实中新人团建喝酒的故事：

那是公司一次表彰会后的聚餐，算是小李来公司后参加的第一次团建。各部门总共有 70 多人参加。小李给人的印象是性格内向，平时沉默寡言，看见领导都绕着走。不知为何，那晚他如此兴奋，远远地看见他端着酒杯张罗着，后来声音越来越大，周围好几个同事按都按不住，看样子是喝多了。紧接着他的直属领导安排了两个同事先行打车送他回家。然后大家再继续喧闹。

从此以后，如果有关键要紧的工作，领导就不再交给小李。即便是大家都知道小李勤奋肯钻研，但也不会让他接手复杂的技术项目。特别是可能涉及到和甲方沟通的项目，小李就只能打打下手，做做后台的支持。没有人会解释原因，但是，大家都知道，这和那晚的喝酒有关系，因为谁都无法从脑海中抹去小李在酒桌上的样子。就这样，一个原来美好的故事变成了事故。

回到新人在聚会中要不要喝酒的话题，作为职场新人，要跟随着场景节奏，来适当调整自己的方式。

如果大家杯中都满上酒，你也象征性地倒上一点，别格格不入就行。倒不倒是态度的事，喝不喝是能力的事。如果有点酒量就少喝一点，如果真的酒精过敏，也可以提前说明，杯中倒点饮料，没有人会强迫你必须喝酒。

如果群体的氛围是自愿选择酒水或者饮料，女生可以选择饮料为首选，男生可以倒上一杯啤酒。在职场酒局中，还的确是男女有别。如果你的职业不是以酒量大小作为考核标准，作为女生，真没必要以酒开头。

如果你酒精过敏，可以一滴不沾；如果你酒量不行，就浅尝辄止；那如果酒量还不错，平时和同学在一起也能喝上几瓶，在这样和谐的团建氛围下，要不要放开喝呢？

不要，千万不要。

聚餐也是一种试探，彼此的试探。如果把握不好这个度，真的可能上演前面小李的那一幕。本来留给大家的印象还是个认真拘谨的小男生，来了三个月还有很多人不认识他呢，结果一场聚会就出了名。再提到他时，为了让对方马上想起，甚至会补充一句：就上次聚会喝多的那个小伙子！

第一次的团队会餐，酒可以喝，但切勿多喝。你可以借这个机会，端着酒杯向你的领导表达一下感谢，感谢他对你初来乍到的关心。你还可以借这个机会，和你的同事们一起喝一杯，表示很喜欢当下的团队氛围，寻求后续获得更多指导。当然，如果没有让你表达的机会，不必强求。一定要学会观察，看看别人怎么做，你跟在后面去做就好。在你对团队习惯还不太了解的时候，千万别按自己的想法来，以免一不小心踩了雷。

团建中，要做和不要做的事

团建中要做的事：

1. 积极主动地做力所能及的事，帮助他人的事，不管是否事先有分工。

2. 有意识地接触平时很少有沟通的同事，彼此了解。

3. 轮流表达或者呈现的时候，大大方方、简简单单即可，不必担心表达得好坏。

团建中不要做的事：

1. 等待被服务，只照顾自己的方便和利益。

2. 轮流发言的时候，拒绝表达，扭扭捏捏。

3. 因喝酒而失态。

06

第一次领导面谈，谈什么

职场新人在入职一段时间之后，一般是半年左右，人力资源部门都会安排一次领导的面谈。面谈领导的层级，因公司制度不同而有所区别。而部门领导的面谈，更多是希望通过了解新员工的适应情况以洞悉整个部门的发展情况和管理情况，及时发现问题并进行调整，也有可能捕捉到管理中要重点关注的工作。

这样的谈话，往往是有组织地针对同时入职的员工批量进行。对于新员工来说，很有可能在面谈中，成为普普通通的大多数，也有可能给领导留下深刻印象，获得更多机会。这样的领导面谈，谈什么呢？

"挺好的"是"没想法"的代名词

HR 同行 Lynn 讲述了发生在她身边的故事：

行政部门年初新入职两名新员工，Lynn 上周已通知她们，区域总经理将以视频形式与 Lynn 一起对两名新员工进行年终面谈。对于面谈中的个人成长及员工满意度话题，可以自行先思考一下。这其实已经是比较明显的暗示了，区域总经理是 Lynn 的上司，Lynn 当然也希望下属在自己的上司面前表现得更好一些。

实际面谈是这样的：

区域总经理问两位新人：从个人发展的角度讲，你们有什么想法？需要什么支持吗？

员工 A：工作方面要再提高效率，多看书，今年准备考中级职称，其他挺好的。

员工 B：我也是准备考个中级职称，其他挺好的。

区域总经理再问：公司很关注员工的归属感，你认为公司有什么需要改善的吗？

员工 A：领导挺好的，同事关系也挺好，没什么要改善的。

员工 B：嗯，我也觉得都挺好的。

面谈之后，Lynn 一句话都不想说。

明说也好，暗示也罢。如此重要的年终面谈，怎么就让"挺好"两个字轻易打发了？

对于进入职场不久的员工，第一次接受大领导的面谈，紧张是正常的。但心情紧张并不代表在行为上就可以随意处理。

"日理万机"的区域总经理能抽出时间与新人面谈，这说明他很重视这件事，而你左一句"挺好"右一句"挺好"，消极互动的同时也暴露了你的"没想法"。

如果领导约面谈，你应该怎么做呢？预则立，要对面谈进行充分准备。

1. 首先要准备的，就是本职工作的汇报

领导面谈肯定要谈及工作，虽然不通过面谈领导也会了解一些情况，但领导往往只是会关注大体情况，而对于个人，特别是有人带、不直接管的新人缺乏了解。所以在面谈之前，一定要做好准备，思路清晰，对答如流，以体现出你对工作的驾轻就熟、胸有成竹。具体考虑以下几个方面：

工作计划的完成情况。把原先设定的工作目标简要阐述一下，再说明目前完成的情况。注意，要以数据说话。比如这个季度或者工作周期的原定工作目标是完成指标的 90%，实际完成了 92%。另外的 8% 是什么原因暂时没有达成，并且需要将原因归类说明。

工作过程中遇到的困难。完成工作的过程中，一定会遇到一些困难，汇报工作的时候，汇报所遇到的困难，是让领导了解工作的具体情况。或许这些困难早在领导的意料之中，或许这些对于新人来说的困难领导并不知情。

如果难题已经解决，要讲是如何协作完成的。特别要说明的是，你从其中获得的成长是什么。如果难题还未解决，不能只讲困难，要将解决方案或自己的想法建议一并讲出来，这是展现你是否会主动思考以及争取支持的最好机会，切不可错过。

下一步的计划。这个部分通常可以准备两方面的内容，一方面是领导的安排，直属领导或许早就对下一阶段要做的事进行了安排，汇报的时候，就需要讲一讲开展下一步工作的具体想法。另外一方面是自己的思考，可以延续之前工作的情况，把自己计划可以开拓的、需要持续深入拓展的内容讲出来。

2. 其次，一定要准备个人规划

规划，是任何一个组织对入职的新人考察时，都会关注的话题。因为对于新人来说，规划意味着成长，而成长意味着组织人力资本价值的提升。对于新人来说，或许这也是一次向上司表达自己的思考，争取更多资源的机会。

在谈及个人发展规划时，不要谈职业外的理想或者兴趣，因为那和组织无关。也不要谈对于晋升的考虑，因为那不是个人可以左右的。更不要谈一些抽象的成长，因为那只是让人无感的泛泛而谈。

谈及个人规划时，要谈得具体，谈得现实，谈得有价值。

谈得具体指的是，规划出清晰具体的成长点。这一点，主要是要结合过去的这段工作经历来看，自己发现欠缺的地方，需要储备的能力，以及展望可见的未来。谈得具体，上司才可以有针对性地给资源，给机会。

谈得现实指的是，可以立刻开始的行动步骤。比如，从哪个项目开始，向哪位同事请教，准备做些什么尝试。通过直接具体的行动计划，让上司感受到行动力的同时，也才可以有针对性地给予指导。

谈得有价值指的是，你的规划对于组织的价值。最直接来说，从规划中看到，成长之后的你可以独当一面了，可以独立承担某种工作，这一定是上司愿意看到，也愿意支持的。如果有更多的表现，就是规划中，愿意接受挑战，愿意承担责任，愿意在工作上有深入的拓展，上司就会看到你的更大价值。

3．不可忽略的是，事先取经，有备无患

除了内容的准备，一定不可忽略的是，对于面谈方式的准备。这一点也表明了对于面谈重视的态度。

如果是直属领导面谈，因为有过一段时间的接触，对领导的行事风格也都比较了解，心理上相对能轻松些。如果是更上级的领导面谈，比如前面案例中的区域总经理，你可能从来就没见过面，更不知道大领导会谈些什么。

这时一定要向你的直属上司寻求帮助，请上司给你指点：一般面谈时间有多长？领导都会关注些什么？有哪些注意事项？应该做好哪些方面的准备？也可以和你的直属上司先演练一下，毕竟，你的良好表现也是为上司加分，别担心有人笑你太紧张，单凭这种重视的态度领导就会为你加分了。

面谈之前，根据前辈的经验列好框架，对工作做好梳理总

结，提前预约会议室，提前调试好投影设备，提前到场熟悉环境。做好准备工作，是为了让自己在熟悉的环境下更加放松和自然。这些都能表现出对于面谈的重视态度。

4．面谈，是争取支持的最好时机

面谈时除了对自己工作的汇报，对自己未来规划的呈现外，更是向领导寻求支持的最好时机。其实，从领导的角度来说，也是想更多了解一下新员工的工作情况、思想情况，是否有需要帮助和支持的地方。而你适时地提出需求，从某种角度来说也是协助领导工作了。

当然，提需求、要支持也不能信口开河。一定要经过自己慎重的思考，以更好地工作为目的，等到获得支持概率比较大的时候再开口。

特别需要注意的是：不要提涨工资、换岗位的要求，这不是面谈汇报的主题，即便有需要，也要再找时间专门讲；不要打小报告，对同事评论是非，不管你是如何为公司考虑，这样的评论也只会让人感到你的"麻烦"；更不要上升到公司战略层面提出建议，这样也只会暴露你的无知和"不务正业"。

如何寻求支持呢？

请领导给未来发展提建议。

"好为人师"，是成功人士的普遍特点。尤其在职场新人面前，身为领导和职场前辈，更愿意以他的经验智慧给你一些建议。在前辈的指点中，你还能洞悉到他对你规划的期待，何乐而不为?

你可以这样说:"领导,我入职的时间不长,虽然有自己的规划,但也仅限于个人的想法。您经验丰富,在我个人职业发展上,希望您能给我一些指点。"

提出需要培训学习的支持。

从当下的工作出发,盘点自己能力的提升点,做到心中有数。同时,了解公司对这方面培训开放的资源,以及申请资格,可以批准的权限。比如,你在专业方面的知识还需要深入学习,或者在沟通能力方面需要加强。你可以这样提出请求:

"领导,我觉得我的沟通表达能力还很欠缺,不够职业化,与客户接触时有时还词不达意,沟通效率不够高。下个月公司的内部培训课程我也想参加,您能给我个学习的机会吗?"

对于你这种知道自己需要提升哪方面的能力,同时又是利用公司内部资源学习的要求,领导不会不答应的。但你千万别要求公司出资,让自己去外部学个万八千元的课程,那是给领导出难题。

提出与关联部门连接的支持。

作为新人,多数时间还是局限在自己的小部门内,与其他部门没有太多的关联。如果上司没有特别引见,你也只能是半透明似地存在。但在对工作了解一段时间后,你如果发现了未来的工作需要与其他部门合作，甚至看到了跨部门合作的困难，那就要趁着面谈的机会请求领导的支持了。

你可以这样和领导说：

"领导，我看我们与采购部的联系最密切，但我与采购部的同事都不太熟，尤其是李经理，我们还没正式地见过面。您方便时，能否让我与李经理正式认识一下？这样也为我以后与采购部的合作打好基础。"

领导一定能明白你的用意，不就是做个连接吗？还是为了工作，这个支持一定会给你。给你正式介绍的同时，也会让采购部的同事更重视你。

所以说，面谈绝不只是领导问，你来答。面谈是一次双方的交流，是难得的表达自我，争取资源和支持的机会。别紧张也别躲避，认真准备，充分发挥面谈的价值。

准备都做好了，还会紧张怎么办？

领导说不必拘束，你要完全放松吗？

面试中，看着紧张局促的应聘者，面试官都会和颜悦色地说："放轻松，别紧张，就像你平时聊天一样就好。"于是，有的应聘者真的放松了，仰靠在椅子上晃来晃去。

面谈中，领导也会对你说："不必拘束，我们就是聊聊天。也难得有这样的机会，我想看到真实的你，了解最真实的情

120

况。"于是，你真的真实了，把你生活的不易、工作的抱怨和想跳槽的打算，一股脑都说了。

面试官的话，领导的话，可别按照你的理解来做。面试时，让你放轻松，是想让你忘记准备好的套路，自然表达。可不是让你坐在转椅上转来转去，你是轻松了，但给面试官留下的是"基本素养不够"的印象。面谈中，让你别拘束，是想营造一个相对放松的环境，彼此都舒服。可不是让你倾诉苦水，发泄抱怨，或者当成朋友间的聊天。你要知道，与下属面谈，是领导的一项工作。

当然，领导说不必拘束时，你应该能收到一些信息，比如领导的温和、友善、不想给你压力等。你可以在表达上不像平时那样有板有眼，你也可以谈一下自己的内心想法，但你真的不能放松到误以为眼前的领导是你无话不谈的密友。

一个很扎心的事实，领导就是领导，别幻想领导把你当成兄弟或闺蜜。**方式可以灵活，内容不能随便。**尽管有些领导嘴上说不在乎上下级关系，主张平等，但你一旦距离太近，忘记了角色，领导自然不会开心。毕竟，角色意识是职场关系的基础。平等体现在具体工作的讨论上，但是决策权、分配权、管理权一定是属于领导的，这就直接决定了关系的分寸。尤其是新人们的直属领导，多数为组织内的中层，他们会更在意。

所以，面谈时不能够完全放松，要记住你的职业角色，记住你的面谈任务。你要呈现的是工作成果，是工作上的交流，不是个人情感好恶的交流。把握一个原则：**你要呈现的是一个对当下工作认真负责，对未来发展有清晰规划的积极青年。**

面谈，是上下级交流的一种形式，而绝不是游离于工作之外的。

07
工作汇报怎么做

你或许经历过这样的情景：

- 领导安排了工作，你马上就去做了，但是第二天领导却眉头紧蹙地问："安排你的事干得咋样了？怎么也不汇报？"
- 你带着写了三页纸的工作总结，准备向领导好好汇报一下。领导略带不解又轻描淡写："你这是干嘛？这点事用得着这么复杂吗？"
- 执行过程中遇到点问题，你鼓足勇气想向领导说明，但总是词不达意。领导不耐烦地问你："你到底想说啥？"

你很委屈，也很焦虑。明明自己做了很多，领导却看不到。这么简单的工作汇报都让领导不满意，我是不是真的能力不行？

不必委屈，也不必自我怀疑。工作汇报只需要关注三个方面就可以轻松搞定了。

1. 工作总结，对应的是工作要求

汇报之前自己先做总结，这个总结一定要对应上安排工作时领导所提出的要求。

投递简历的时候，我们都知道，广撒网的"海投"效率比较低，原因就在于简历没有针对性，目标分析不够，随便投出去的简历，很容易被随便扔回来。

同样道理，做工作总结的时候，一定要对应上工作要求，也就是领导在安排这些工作的时候提出来的要求。我曾看过一篇工作总结，开篇是口号，结尾是感谢，中间列举了几项工作，但并没有说明工作的完成情况。通篇能感受到慷慨激昂，却看不到具体做了什么，做到什么程度。实属一篇没有什么实际内容的总结。

这样的总结只是关注了"辞藻华丽"，关注了"文字优美"，却忽略了工作汇报的本质是要呼应最初的工作安排。必须要让你的领导，也就是工作汇报的对象，通过一份汇报明确地知道工作完成情况如何。

总结可以从以下几个点考虑：

• 列出最初的工作要求，对应地，说明现在的完成情况。尽量给出量化指标，包括结果数据、完成度、达标程度等，展示数据往往会更为直观。

- 在这个过程中，遇到了什么问题。这个问题是如何解决的。

- 在这项工作中，你学习到了什么，得到了哪些帮助和
  支持。

- 下一项类似工作，你会如何改进。

这样的工作汇报简明扼要，清晰具体，而且全面。阅读者会从中捕捉到自己想要看到的内容，不仅是工作本身，还有对于管理的思考。当领导看到这样一篇工作总结时，一定也会对你的未来充满期待。

2. 工作汇报，对应的是关切

工作总结是一个基本文件，除了发送文件之外，一般来说，会有很多机会进行当面汇报。这时候一定要注意，和面试的时候一样，不要只是讲简历里面的内容，而是有重点地对关键信息进行展开。工作汇报的时候，肯定也不是对着工作总结念一遍，而是要回应领导对于工作的关切。

所谓关切，简单说，就是在工作汇报过程中，领导会重点询问的内容。一般来说，以下内容是上司的关切点：

如果**没有如期完成进度**，如何才能尽快完成？注意，这时候，要听的不是原因，而是解决方法。

如果**完成度很好**，亮点是什么？难点是什么？对未来的影响是什么？注意，既然已经完成，领导关切的就不再是结果，而是过程，以及未来。

执行者在其中的**成长**：看到这个工作和其他工作之间的联系，看到这件事在整体工作中的位置，看到自己的成长和发展。

对于工作汇报，需要针对可能关切的问题提前做准备。关键是，在汇报中，一定要脱离原来文字版的工作总结，有条理而且详尽地回应关切的问题。切忌答非所问，东拉西扯，这肯定是没有准备的结果，领导一眼就看穿了。

如果遇到没有准备的问题呢？在准备的内容范围内，整理下思路，垫上一句"容我想一下"，然后再讲。如果完全没有准备，也不必慌乱，领导比你思考得深入，看得全面，想得更远，这是很正常的。此时就只需要诚心诚意地向领导请教就好了："这个问题我还真没想过，您能否给我指点指点？"这样就会把一次工作汇报变成一次交流学习的机会。当然，前提是，认真准备，做好基础功课。

3.工作汇报的具体规范

工作汇报的时候要考虑到形式、时机等具体规范，虽然汇报工作因人而异，因公司而异，但还是有一些基本点可供参考。

工作汇报的形式选择

每个组织对于工作沟通的方式要求都不一样，有的习惯用邮件进行交流，有的习惯用微信沟通。对于不同类型的任务，汇报的形式更是有口头汇报、会议汇报,还有书面总结等不一而足。

新人需要做的,就是融入新的职场环境,抛却原有的学生习惯。观察你的领导同事,也可以直接请教确认,工作交流的主平台是什么。只要你问,别人肯定会告诉你,毕竟,大家都还把你当作什么都不懂的"新人",这也是职场新人的红利。

如果大家都是通过邮件交流,你就不要口头报告;如果大家都是在微信群中沟通,你也要融入其中及时反馈。融入主平台,以确保你在圈内,不掉队。

虽然明确了主要交流平台,但还是要具体事情具体分析。假设你的主平台是电子邮箱,大事小事都是通过邮件来沟通。如果只是一件小事的简单答复,你与上司又是邻桌而坐,完全可以直接语言交流。如果是需要对过程进行详细说明的汇报,即便在邮件中进行了说明,也还是要有当面的详细说明。千万不要固守一种形式,以为"我汇报了"就完事,而是要以"领导接收到我的汇报,很满意"为目的。

时间点的把握

汇报的时间点,也是有学问的。

一般来说,非紧急的事情不要在周一上午去汇报,周一上午领导的工作可能很忙,也不要在每天上班后一小时内和下班前一小时内去汇报,当然更不要在非工作时间汇报。你可以选择其他的时间。如果汇报的时间超过 10 分钟，你就要跟领导事先约定汇报的时间和地点。

遇到紧急的事情，要马上汇报，而且随时汇报进展。比如，行政部门的同事遇到了公司临时停电的情况，就需要联系供电局，询问停电原因，搞清楚何时修好。然后，在第一时间向领导进行汇报。比如，你需要负责本部门年末的活动方案策划，距离活动还有一个月呢，你就不必在周一的一大早敲开领导办公室的门。而是在准备好初步方案，做好调研之后，和领导预约汇报时间。

关键人的工作习惯

关键人，主要指的是需要汇报工作的对象，也就是你要汇报工作的领导，有时候还包括听汇报的其他相关人。

关注关键人的工作习惯，也是一种客户思维。你要向对方汇报工作，他们是否喜欢你的呈现风格，决定了你的汇报是否有效。关注关键人的工作习惯，并非讨好或者谄媚，而是一种职场人必备的职业素养。如果领导是粗线条的，小事上你只汇报结果就好；如果领导事无巨细，汇报时你也要认真全面；如果领导习惯一大早就听汇报，你就第一时间让他看见你的汇报。

先向周围的人观察学习，了解团队的行为模式，然后再去调整自己的行动。

被看见，是一种能力

如果你进入职场，已经通过了试用期，或者工作了一年半载，你可能已经知道了全公司人的名字。如果换个角度呢？全公司里有几个人知道你的名字？有几个人知道你的名字并且和你有过业务或非业务的往来？有几个人知道你的名字，有过往来，还对你有明显的赏识、认可？

我们把模糊的感觉用数字来呈现一下。假设你已入职一年，公司或部门的总人数是 100 人，一年的时间下来，如果有 80 人记住了你的名字，30 人与你有过往来且没有留下不良印象，有 10 位领导或前辈明确地表扬过你，那你就已经很优秀了。

经验表明，被明确表扬过的人在日后的工作中也会成为出类拔萃的一群人。领导、同事记得住名字，就有更多承担工作的机会，也就有了学习、成长、展示优势的机会。如果在工作中，获得认可，得到表扬，就有了承担更高难度、更大挑战的工作的机会，因为你值得被托付。如此，自然会进入一种良性的工作循环。

你或许会说，公司那么多人，同时来的新人也不少，领导怎么可能记得住每个人的名字？

是的，如果人数多，领导很难记住每个人的名字。但领导一定会记住个别人的名字，并且对个别人印象深刻，这"个别人"，就具备一种"被看见"的能力。

结合前面的内容，我们总结一下，如何才能被看见：

留下良好的第一印象。从着装到精神风貌，从自我介绍到入职培训的积极发言，从第一天开始就打造自己的积极职业形象。

主动找事而不是被动等待。没有被安排具体工作时不能干等着，要主动去找事做，主动做事才能让领导和同事看见你的行动。

遵守规则，才能入局。工作也好，游戏也罢，都要遵守规则。别因为追求被看见而去做那个特立独行的人，职场初期的你还没有资格制定规则。遵照大家的步调，先成为局中人。

把握机会，跃身而起。职场中追求的不再只是分数，学会洞察，当机会来临时果断抓住，你才可能胜出。

职业规范，力求极致。既然是职场人，就要以职场人的角色做事。如果能处处体现高人一筹的专业范儿，那么，领导需要的就是你这样的人。

当然，有人可能在追求"被看见"的过程中有很多的困惑，比如：主动找事做，会不会显得张扬？遵守规则是不是就意味着没有原则地同流合污？把握机会是不是就有可能引发职场斗争从而伤害到同事？做好工作，给领导留下好印象，是不是就意味着要溜须拍马？

当然不是这样。职业发展的同时，有些东西不应成为付出的代价。对于"学生思维"来说，这些是非黑即白，非此即彼的选择题，但在"职场人思维"看来，应该是"兼顾的分寸和尺度"。

职场也是一个成长修炼场，被看见是一种能力，智慧地被看见，是一种高级能力。聪明人都知道，被看见不是目的，而是手段。是成就自我，实现自我的手段。

CHAPTER THREE

靠谱做事，
提升自我价值

01
打造靠谱做事的闭环 /

核心竞争力、天赋、才干、优势，都是职场人特别关注的词汇。它们之所以吸引人，就是因为人们期待有一套可以通过挖掘、训练、习得的方法，以求在职场上顺风顺水、功成名就。

只有在职场上打拼多年的人才知道，哪有什么发展秘诀，还不都是靠着持续做事，持续把事情做成，从而积累起来的职业口碑吗？这个口碑就是，别人评价的——靠谱。

现在的职场，已经很少有可以让一个人鹤立鸡群的机会了，多数工作都需要合作完成，每个人所负责的内容往往只是整体工作的一部分，而且可替代性很强。只有少数工作更多地需要依靠个人天赋来完成，比如科学研究、艺术创作。即便是这些工作，在可以发挥优势之前，也需要更多的资源、平台、机会的支持。那么，一个职场人如何才能显示出与众不同的

"靠谱"呢？

这个问题对于初入职场的新人来说，尤其困难。论资历，谈不上。没有积累太多的职场经验，很多事都是第一次做，很难谈得上靠谱。论能力，也不好说。学校学到的更多是知识，在职场上，即便一些简单的事，需要的职业能力也都是实践出来的。论人脉关系，支持资源，更是捉襟见肘。作为新人，能被同事认识就不错了。他们为什么要给你机会？凭什么给你提供资源？那么，靠谱从何而来？如何赢得信任？

其实，说难也难，说简单也简单。只要不整天期待着惊天大事发生，自己成为危难之中的救世英雄就好了。那些无比刺激、酣畅淋漓的翻转逆袭情节，只发生在创造故事性情节的影视艺术作品中。而工作中的事，多数都是简单的事、力所能及的事。这些看似平凡的事情，正是新人们发展进阶的台阶。职场人要想赢得信任，不管是老板、领导、同事的信任，还是客户的信任，首先就是要把手头的事情做好。把事情做好，才算是有了交代：既完成了职业角色的任务交付，又证明了自己具备一定的交付能力——赢得信任，才可以继续做事，才有可能脱颖而出。

然而，"把事情做好，赢得信任"，并不那么简单。抛开具体事情的难度不说，就只是做事前后的沟通，就会让很多人始料未及。

比如，领导让你给十楼的张总送份资料，送完后你会回复领导吗？

或许有人会这么想：

多简单的事，这还用回复吗？

从九楼到十楼，还能有什么意外吗？

这样的事都回复，是不是有点太啰嗦？

多数人可能不会再特意回复或者简单说一句"已经送过去了"。

但领导的期待是什么呢？

到十楼给张总送资料，张总在座位上吗？交给张总后，张总怎么说的？有什么话让你捎给领导了吗？倘若张总不在座位，你是如何做的？将资料放在张总桌上直接走人，还是留了字条，亦或是让人转告？张总大约什么时间能看到这份资料，你有预估吗？这份资料是紧急的还是非紧急的，你有了解吗？怎样回复领导才算完成了这个任务？

再比如，领导安排你做会议准备，准备好后你会向领导汇报都做了哪些准备吗？

或许有人会这么想：

领导既然没有特别说明，应该就是和往常一样吧？

无非是调试好投影，准备好矿泉水和公司介绍的文案，还能有什么？

会议时间在下周二呢，我下周一准备就来得及，不急。

多数人可能会有这样的小心思，思考后并没有多问也没有马上行动。但领导的期待是什么呢？

对于会议准备，你了解会议的主题吗？是内部会议，还是有外来人员参加？多少人参加？如果只有内部人员，公司简介就无需准备；如果有外部人员，除了矿泉水是否还需要准备茶叶和咖啡？外来参加会议的人员是否还有其他需求？这些事项都应该在领导发布任务的时候就明确，而且即便是你要在下周一再准备，也要马上做好会议室预约，再向领导说明：为了不影响这两天会议室的使用，你会在下周一下午做好以上准备工作。等到下周一完成后再向领导报告会议室准备完毕。

可以说这些事情都是工作中的"小事"，然而，大家或许发现了，不管大事小情，我们经常会"想少了"。这似乎是一个经验问题：初入职场，谁知道这些呢？确实，职场上，很难有机会获得专门指导，即便有些企业有"师徒制"，也很难保证师傅会像学校的老师一样，逐一拆解习题般地告诉你哪些该做，哪些不该做，要做到什么程度。甚至，有些人进入职场十多年了，依然没有学会这套职场人的思维，同时还在对自己的职业生涯没有得到发展而感到困惑和委屈。

那么，究竟该怎么做才对呢？或者说，怎么做，才能看上去像是一个"值得信任"的职场人呢？虽然在不同行业里有不同的工作规范，在不同企业里有不同的企业文化，哪怕是不同的团队领导，也有不同的管理风格。但是，有一点是相通的：

完成做事的闭环。

做事的闭环是什么？**从最开始接到任务指令，到具体执行，到反馈汇报。这就是一个基本的做事闭环。**通俗地讲，就是**凡事有交代，件件有着落，事事有回音。**对一项工作，在一定时间内，不管完成的效果如何，都会对工作的发起者有个反馈，尾首呼应，让整件事从头到尾形成一个闭环。

闭环做事，就是基于这样一个基本职场逻辑：每个人都是基于自己的职位职责做出贡献，进而和其他同事，通过彼此的贡献，一起完成职场合作。大家合作的每一件事，都像是共同下的一盘棋，或者一起运转的一个大机器。只有每个人把自己职位上的份内事做好了，并且成功交付出去了，这一步棋才算是走出去了，机器也会因此而顺利运转。

闭环行事，听上去很美。但又会出现这样那样的问题：有人总搞不清楚领导的指令，不知道工作完成的标准；有人在执行任务过程中，不知道如何应对意外突发情况；有人在面对需要协调资源，进行团队合作的时候，总是退缩，因此而耽误工作进度；还有人把每件工作都完成得很好，却只是默默一个人做，不善总结汇报，没有形成闭环，总让领导追着问。

该如何修炼完善闭环能力呢？

有一句话说得好：事上见。从接受一个任务，到完成任务，汇报工作，其中既有琐碎的细节操作，又有难以预料的意外发生。而职场人要修炼的，就是做事背后的职业习惯与成事思维。可以说，每一个环节都有值得学习，需要成长的地方。具体内容，会在这一章逐渐展开。

值得一提的是，在职场上，做事闭环还有这样的秘密：**做事的闭环，不是封闭的闭环，而是持续上升的闭环。**也就是说，这个做事的闭环，不是一个简单的静止的圈，而是一个持续上升的螺旋。每完成一件事，不是回到了原点，而是在这个基础之上，螺旋上升了。提升的有经验，有能力，更有口碑，还有新的可能性，这些又都是为职业发展积累下来的筹码。

一件工作完美闭环了，你就赢得了他人的信任，下一次就会有新的事情、新的挑战找到你。如果能够完成一个个闭环，你就是在闭环中积累自我价值，在价值积累中实现升级跃迁。这样持续的上升，既有外界的影响，又有内生的驱动，终究是会成就一个值得信任的靠谱的职场人。

02
确认，是靠谱做事的开始

　　职场中，我们每一天都要接受领导的任务，有时是一封邮件，有时是面对面的安排，有时可能是在会议中的指示。因为这是工作中的日常，大多数人都忽略了如何接受任务这个环节，随口应下来或者等到完成时一并提交结果，这样做表现得不尽人意，也不够职业。甚至还会因为没有足够重视，没有和领导再次确认而导致并没有完全听明白领导的指示，结果很有可能适得其反，从而影响了任务的完成。

只有一句话的工作安排，你能听懂吗？

　　我们来还原一个真实的职场情境：总务部晨会上，部长与文员小张的对话。

　　部长：今天董事长来公司，小张，你安排司机去接一下。

　　小张：好的，部长。

简单得只有一句话的安排，实际上是一项很关键的任务。

上午 10:30，部长接到总经理的电话。董事长正一个人在机场等候司机。

部长过来问小张。

部长：小张，你安排司机去接董事长了吗？
小张：安排了啊。
部长：几点去的？
小张：刚走啊，飞机不是 11:30 才到呢吗？
部长：你是不是没有看日程表啊，这次董事长是从上海过来。现在已经到了机场。

部长说完，转身就出了办公室。留下小张一个人愣在那里。

董事长每半年会来公司一次，基本上每次都是乘固定航班抵达。司机知道以往的航班和时间，但并不代表不需要再次确认。这一次董事长从上海转机，航班和时间的变化部长都在公共的日程表上标注出来了，但小张并没有关注和确认。从而导致了时间安排的错误。

这个错误大吗？肯定很大，尤其在一些行事风格严谨的企业里，让董事长一个人在机场等司机，而且还是因为时间安排错误导致的。董事长或许不会说什么，总经理肯定会心里不安吧，会迁怒于总务部吧，总务部长只能自己承担。如果董事长后面还有其他活动的话，就会造成一连串的顺延或更改，那影响的范围就会更大。最后受到影响的不是某一个人，可能是总务部门甚至是整个公司。

完成这个任务很难吗？一定不难。只需要足够的细心和责任心就行。接到任务后没有再一次确认时间，细心和责任心上差了一点儿，就差出了这样的后果。

如果你是小张，你会怎样做呢？

任务是在晨会上发布的，一般情况下晨会后小张应第一时间关注出差日程表，了解董事长的具体行程。然后**带着纸笔**与部长再做如下的确认：

部长，我看到行程表标注是从上海飞来的航班，落地时间是 10：30。除董事长之外，还有其他的同行人吗？

这一步是确认时间、航班。再追问一下是否有同行人。

得到部长的确认后，可以再延展：

那我安排司机在国内出口等待。接到以后，还是按惯例，直接把董事长接到公司？

这一步确认接机地点以及接到董事长后的目的地，以便给司机明确的指令。这看上去都是不需要再明确说明的事，但你如果这样去逐一确认，只能证明你是一个非常细心的人，对工作有预演。

如果目的地有变化，部长会再指示，如无变化就可以按此执行。但还要接上一句：

好的，那我会随时与司机保持联系，董事长到公司前5分钟我会向您汇报。

这是给部长一个明确的反馈，他交待的任务你都清楚了，并且你会随时向他汇报。

从这几步中，我们可以抽离出这样几个关键姿势：

自行了解——先了解自己所能了解到的信息。

确认信息——带着纸笔去确认，边问边记以示重视。

延展提问——在现有信息基础上思考下一步行动，表明你对工作是有预案的。

节点汇报——请领导放心，你会提前向他汇报，请他做好迎接准备。

领导布置任务时只有一句话，但你执行的过程需要确认拆解、预演全过程。在整体过程中最关键的一点就是向发布任务的上级进行确认。

为什么一定要确认呢？

1. 确认，是为了保证方向的正确性

很多时候，听见不代表听懂。听见了，或许理解得不对或不到位。比如，领导说午餐后开个会，你要确认时间和具体的会议室；比如，领导指示做个活动方案，你要明确活动目标、参加人等。当然，也有一些领导根本就不把话说清楚，或者说三分留七分，那这个时候就更得确认了，只有一步步确认清楚了，才能开始第一步。

当然，有些事是确认不出来的，那就更需要了解指令意图，保证方向一致，避免因为理解不全而导致的无用功或失误。确认环节，是为了保证从一开始的方向就是正确的。

2. 确认的过程，也是任务的预演

虽说确认是重复领导的指示，但重复的过程也是预演的过程。明确每一个环节要怎样做，也就提前想到可能的情况会有什么。领导安排接机的任务，在与领导确认航班时间时就要想到会不会有同行人？安排哪辆车去接？接了之后送到哪？送到之后领导会有什么安排？无形中让自己站在了领导的角度去思考，也锻炼了我们统筹安排的能力。

3. 确认是职业化的体现

确认是接受任务的关键环节，纸笔是接受任务时的必备道具。职场中一个良好的习惯是随手可以拿出纸笔。接电话时可以随听随记，领导分配任务时也可以随听随记。然后按着自己的记录再与领导确认。拿起纸笔的那一刻即进入了"领命"的状态，这是一种职业化的体现。

职业化的表现只会为你的工作加分，同时也是一个工作过程的见证。用不了多久，你就是新人中最突出的那一个。

确认是接受任务后的关键动作。但我们必须要说的是，这

个动作绝不是生硬地为了完成动作而做。**如果特别生硬地确认，很有可能被看成是为了规避风险推脱责任。必须要认识到，确认更多是为了工作的高效顺利进行。**因此，确认环节中，既要体现你的职业化，又不能硬邦邦地破坏了气氛。这只有因人制宜、因事制宜了，不过在确认时一定要考虑到对方的感受，以避免很多不必要的误会。

领导的顺口一说，做还是不做？

职场中，经常会遇到领导"顺口一说"的工作安排。越是与领导接近，接到顺口一说的安排就越多。可能是在电梯里，可能是在餐桌上，可能只是一个动作或眼神，无非场合不同，无非形式不同。"顺口一说"应该不算是正式指令吧？既然不算是正式指令，那是不是就可以忽略呢？是不是就不需要回复呢？

接受任务吧，有时都没听懂领导的真实意图，有时也觉得太过随意，似乎不必花费太多精力；不接受任务吧，又搞不清楚一件事的重要性，不知道领导的期待。这对于一个初入职场的新人来说，的确是对情商和灵活性的一种考验。

面对这种情况时，该如何接招呢？

还原一个职场情境：

小方，环境科学专业毕业，入职还不到 6 个月，处于在各部门学习的见习期。一日，跟随办公室主任去参加环保部门组织的节能减排会议。

乘车途中，领导顺口说了一句：你有时间了解一下油电混动汽车。

小方当时也没多想，马上应答：好。

回来后却犯了难……

领导是顺口一说，还是想考察什么呢？

我是假装忘了，还是当真好好了解呢？

要了解什么呢？

油电混动汽车，跟我的工作有什么关系呢？

是领导想买车，还是公司要换车？

实际工作中这样的场景很常见，领导好像是给你安排了任务，但似乎又不太明确。想问，又担心领导认为你水平低没听懂；不问，又不知下一步该如何行动。这种似有若无的指令，让涉世未深的年轻人要么不假思索应付了事，要么犹疑不前伤透脑筋。

遇到这种情况，该怎么办呢？

不可否认，小方当时的做法是对的，先应承下来。当时的情境可能也不便于追问领导的具体目的，毕竟还有第三人在场。当时应承了下来，回来后就不能置之不管。最晚在第二天就应该进一步明确。而选在第二天回复，也是给自己预留一个做功课的时间。

带着预设的问题，和领导进行确认。**确认，永远是接受任务时的关键环节。**只有通过确认，你才能明确领导的目的是什么，才知道做事的正确方向和所需的力度。

你可以这样向领导发起询问："领导，您昨天让我了解油电混动汽车，我想再明确一下，是用作公司办公用车，还是班车？价位限定在什么区间？品牌有特别倾向吗？我针对您的具体要求，做个全方位调查。"

你这样一问，领导肯定会展开说一下自己的想法。是公司有换车需求，还是只是想了解一下油电混动汽车与汽油车的油耗对比，包括价位，品牌的需求也会同时明确。这样明确了方向，就有利于接下来的调查了。

对于领导说过的话，别管什么场合什么形式说的，都要认真对待，这样在态度上就先加了分。

前一天晚上做功课，也要通过指令发出的背景来思考一下领导为什么会让你调查油电混动汽车。问题的提出是在去参加环保部门组织的节能减排会议途中，问题是否是由会议主题联想到的？低碳减排现在是全社会的目标，公司能为此做些什么？那么用电车代替汽油车，或许也是一项具体的行动……

想到这里，你完全可以把功课做得再多一点，还可以这样对领导说：

"领导，您说的油电混动汽车，目前有插电混动和油电混动两种形式，插电混动汽车属于新能源车，油电混动汽车虽然也会节能，但不是零排放。我先按这个区别做一份对比资料？"

如果领导正是此意，接下来按这个思路去做就好了。如果领导不是这个方向，也可以让领导看到你的积极思考，给他留下一个好印象，接下来他也会就此说明让你具体调查什么。

或许有人会认为，不过就是澄清一下领导的要求，用得着这么复杂吗？这并非刻意把事情搞复杂，而是在力所能及的范围内，呈现给你的"客户"，也就是发布指令的领导，以更大的思考空间和更明确的选择方向。这样沟通的结果，不只是让人感觉到靠谱，还让人感到舒服：你已经突破了"一问一答"的简单限制，运用更加高级的情感捕捉和信息收集方式提供了更加靠谱的方案。

通过前面的两个动作，你已经知道领导的基本需求了，那就要马上开始行动。领导最不喜欢的就是"拖"，交待一件事，左等右等没结果，那耐心和期待就在无声的等待中消弭殆尽了。及时反馈，哪怕遇到困难，超出预期，也要及时反馈。否则，尽管你在一直忙，但领导还以为工作没有进展。网上查询，4S店咨询，相关品牌官网咨询，向司机师傅请教……这样的小事，争取在两天内整理出一份对比资料信息。

行动之后，就到了结果交付的环节。领导是口头指令的，我也要口头回复吗？千万不要简单处理。三言两语可说明的就口头说，必须要做整理报告的，绝不可简单略过，这还是要看具体任务和领导的工作习惯。

本案例的完美交付，可以用一页表格做出现有的汽油车和油电混动汽车的对比。从节能方式、节能参数、品牌、价格等方面，让领导一目了然，为下一步决策提供了详实有力的依据。体现自己认真、职业的特质的同时，也培养了自己的搜集整理和思考问题的能力。

从这个实例中，对于领导的"顺口一说"的指令，可以抽离出下面的标准化流程：

应承接受：别管领导安排的工作内容，先应承接受下来。不要什么都没开始呢，先跟领导说："我不行、我做不了。"放心，对于职场新人，领导不会给你安排难度太高的任务。

再次确认：确认永远是接受任务的关键环节。这种非正式场合下的指令更需要确认，一是确认任务是否要继续，确定不是顺口一说；二是确认接下来的工作方向。

马上行动：马上去做，是行动，更是态度。

结果交付：选择适合的交付方式进行汇报，为此项指令画上完美句号。

当然也会有些领导太随意地"随口说"，这种"随口说"可能会给下属增加很多额外的工作。遇到这种情况时不妨"把球踢回去"，多向领导请教，请领导给出明确的意见，到底要怎样做，做到什么程度等。领导也会在这个过程中有一些觉察，或许由此可以调整自己的工作方式。

还有的时候，领导"顺口一说"的安排，其实并没有清晰的标准，也没有明确的目的，甚至连他自己也不清楚这件事具体怎么做，做到什么程度。而指令的接收者要做的，其实就是在现有状态下，收集更多信息，把事情往前推进一步。

所谓的正式或非正式指令，都是接收者的主观区分。对于发布者来说，正式布置的也好，随意提出的也罢，都是想要一个清晰的结果。作为接收任务者，你只需要认真对待。认真对待领导的每一个指令，就是认真对待自己。

职场的每一项工作就是一块块试金石，金子就是在这样无声的试炼中被发现的。

领导的"欲言又止"，你能领会吗？

从只有一句话的工作安排，到看似无意的"顺口一说"，再到"欲言又止"，难度逐渐升级。你或许感叹，这领导们为啥不把工作安排得清清楚楚、明明白白，非要这样考验人？

如果你站在领导的角度想想，他们并不见得在考验谁，而是在寻找更适合合作的人。如果有人可以理解他们的动作、神态、表达，并且把工作做好，这样的人，不就可以脱颖而出了吗？

下面讲几个情境：

领导在审核你的活动方案时，蹙起眉头问了一句："没安排总经理致辞环节吗？"

领导在表扬某人取得的成绩时，他对你的期待是什么？

你提出的某项申请迟迟没有等到回复，你要一而再，再而三地追问吗？

针对这些欲言又止，千万不要解释或追问，而是需要你灵活地去确认：

领导，那我再加上总经理致辞的环节吧，你看加在来宾介绍之前合适吗？

在领导表扬别人取得成绩之后的第二天，你找个机会向领导说："看到××取得的成绩，我很羡慕。以后我得多向他学习啊。"这就给领导没说出的期待，做了一个先行的承诺。

对于没有回复的申请，一定是哪里出了问题。不是追问，而是调整。可能需要调整方案内容，或许需要换一个项目。

很多讲沟通、讲情商的书，都告诉我们沟通时要听出事实，听出对方的情绪，更听出对方的期待。欲言又止，就是在表达一种期待。你没听出来、没有动作，都是情理之中。如果你听得懂，向前一步，那就获得了额外的加分。

03

执行力强，是怎么看出来的

在职场上，经常会听到关于执行力的评价。特别是对于基层员工和职场新人来说，还没有开始管理团队，谈不上管理能力，也很难一下想到领导力。于是，执行力就成为对一个员工职业化素养的重点要求了。

然而，执行力又是一个很容易理解，但不容易实现的能力。很容易理解，是因为说出来似乎大家都知道是怎么回事：不外乎就是做事能力强。但是，这样的能力又不容易实现：有些事不会做，有些事不知道该不该做，还有些事不知道做到什么程度，甚至有人自以为做了好多事，却没有得到一个"执行力强"的评价。

被人认为"执行力强"是有迹可循的。我们来拆解一下：

1. 从态度上看，执行力强就是即刻行动

我们先看反面案例，你是否也有过类似的经历？

领导让你抽空给销售经理送份资料，一个小时过去了资料还在你桌上放着。

领导让你做个年会的活动方案，一周过去了你还在苦思冥想地设计着最完美的方案。

领导让你准备会议资料，你自顾自地忙活起来，领导却不知道你的进度，下班前火急火燎地来找你要结果。

以上种种表现，在领导眼里都会被评价为"执行力差"。而这种低评价的原因无非就是你想得太少，没意识到要马上就做；或者想得太多，抱着完美主义，迟迟没有开始。

我们需要深刻理解到，执行力的主体不仅仅是做事者本人，也不仅仅是一个人把事情做完就算"执行力强"了。因为执行的前提有执行的对象——指令，有发布指令的主体——领导，以及评价执行力的人——领导，所以，做一件事，首先需要考虑领导的期待。倘若你没有满足领导对于"执行"的期待，评价自然会低。领导所期待的执行力，就是即刻行动，马上去做，一分钟别拖延。只有走出了第一步，那才叫执行。

即刻行动，似乎从字面上就能感受到一种紧迫感。而领导感受到的，是重视的态度。

领导说，你有时间去送份资料给销售经理。什么叫有时间？停下手里的活马上就去送，还是等中午上楼时顺便送去？只要手里没有特别重要的事情，所说的"有时间"就是现在的意思。一分钟能完成的事马上做，这样的事完成后会减小压力和焦虑，也会把注意力集中到下一件事情上，不仅节约时间成本，还会大大提高你的工作效率。

有人可能会说，我手上本来还有一堆事呢，领导安排的事都必须马上做吗？领导同时安排了几件事，先做哪一件？昨天安排的事还没完成，今天又有新任务，怎么能体现"马上"？凡事都"马上"，是不是有点刻意地讨好？这些都是职场新人情有可原的心理活动，可是，换一个角度想呢？这也是体现能力或是提升能力的好时机。

首先，接到指令，明确表示"收到"。接下来，迅速盘点手中事情的重要程度，合理安排时间。然后把完成截止点和第一步行动节点汇报给领导。这才是体现"即刻行动"的态度。

比如，老板让你做个活动方案，你要有策划思考的时间，要有目标确认，资源预算考量，以及计划的制订。同时，可能手上还有一个急活等着交付。此时，你不可能马上就投入执行，但你可以当时就记下老板的指示，立刻确认完成的时间期限及特别事项，给老板一个你已经开始做了并且这件事交给你可以放心的反馈。

有了态度上的"即刻行动"，行动力强的印象，就开始形成了。

2. 从方向上看，执行力强就是找到标准

光有即刻行动的态度还不够，得保证方向是对的。南辕北

辙的故事我们都知道，方向错了，无功而返；方式错了，事倍功半。

怎样能保证方向正确呢？这常常是困扰职场新人的问题：

我以前没做过，我怎么知道如何做才是对的？

领导没教我，没有参考资料，也没有明确标准，我怎么知道如何做才是对的呢？

只是要我试一试，怎么试？试到什么程度？

这些问题都很常见，属于执行的方向问题。表面看，这当然是因为执行者缺乏相应的信息和经验资源，这样的问题看似无解。但我们换个角度来看，领导交办的任务一般都是心里有数，大致掂量过的，他们会默认：

要么，我们应该知道标准；要么，我们能够找到标准；要么，就是在考验我们找到标准的能力了。

我们直接说一种最难的情况：**在标准不太清晰的前提下，如何找到标准。要做到两点：做足功课、主动请教。**

做足功课，就是要针对具体问题进行思考，提前收集基本信息。无论是否请教别人，无论是否知道具体标准，为了把事情做好，这一步都要做到前面。即便是用关键词进行检索，也一定会获得一些基本信息。一般来说，面对完全陌生的话题，可以通过比对不同来源的信息，分析不同观点的矛盾，来逐步建立起自己的认识框架。至于通过了解基础信息，而发现的更多矛盾的内容，则完全可以拿出来请教高手了。

比如，老板让你做个人工智能投资项目的调研计划。作为什么调研工作都没做过，不知道投资为何事的职场新人，你至少要检索的是：人工智能、今年的热门投资项目、如何做调研、调研计划书。把诸多信息拼在一起，你才有可能进一步推进。

找到标准的第二个方法是，主动请教。主要就是请教做过类似业务的同事或者带教自己的师父和直接主管。如果能从中获得只言片语的信息，就非常有价值了。有几个关键点是一定要请教的：做好的标准是什么？哪些底线不能触碰？还可以到哪里寻找信息和支持？

需要注意的是，请教的态度不仅要诚恳，还要表现出足够的灵活性。这不是在学校里找老师答疑，任何问题一定要问个水落石出才算是好学生。再怎么说，领导同事前辈们，也没有义务教你怎么做。他们往往点到为止，你需要自己揣摩，进一步行动，再进一步请教。

有了基础功课，加上主动请教，大致标准就有了，执行的基本方向就不会出错。

3. 从终点看，执行力强就是呈现可见的结果

执行力强一般不看如何干，而是看结果，"可见的结果"是职场人最关注的事。

我们身边有很多忙忙碌碌的同事，早上来得早，下了班似乎还有工作没做完，周六日也常常来加班。一开始真的感觉像是只勤劳的小蜜蜂，每日都在辛勤地劳作。可忙碌的结果是什么？日复一日、年复一年，既没有升职，也没有明显的能力得升，一直都在原点转悠。就像一个学生，每日都起早贪黑，到头来却并没有取得好成绩。

职场上的结果更加重要，最终的表彰、升职、加薪，都是基于可见的结果。

有人会想，日常的工作而已，又不像学校里的学习成绩，有排名，有评奖。如何呈现结果呢？当然，有些职业在平时的工作中有排名，有选拔，这是方便呈现的结果。如果没有呢？那么，可见的结果，就来自平时工作的记录。工作日志、邮件汇报、工作总结、部门汇报等记录，这些都是可见的结果。

别小瞧这些记录，曾经一个管理者在公司中层会上被其他部门的同事质疑：这些年你们部门都干了什么？这个管理者不慌不忙地打开文件，用数据呈现了部门的发展历程。立刻赢得了在座所有人的赞许与认可。在工作中，只有一小部分工作结果是可以被大家感知到的，更多的事情，一定需要讲出来，别人才知道，这就需要平时做好记录，定期整理、总结。

以某公司 CSR 部门（企业社会责任部门）开展的"社会贡献活动"为例，他们从开展第一项环保活动时就开始做记录，记录内容中有计划，有图文并茂的活动过程，有总结。三年多的时间，记录了几十项活动，这样的记录，在整个集团的展示中也崭露头角，赢得赞誉。在一次工作总结中，引起了老板重视，安排该部门设计展厅，作为对外展示的重要窗口。在这样的记录中，不仅引导了公司的发展，而且提升了每位员工的职业价值感。

除了一些大型的项目和工作，在一些具体日常工作的执行中，也都需要呈现出可见的结果。比如，预订酒店，第一时间行动，呈报预订的结果；修订规定，在完成的期限内将修订好的规定装订好放在领导案头；做客户营销的沟通，将对应每个客户的工作进展分别记录并定期汇报；新品研发，适时展示不同阶段的成果。对自己提出要求，每一项工作都有可记录的结果，形成习惯之后每一项工作都会目标明确，而这样的工作习惯，也一定会给领导留下深刻的印象。

执行的对象是一件件具体的工作，从工作的终点来看，需要呈现出来可见的结果。在记录、总结结果的时候，不仅要关注过程中做了些什么，还要关注最后的结果；不仅要关注带来了什么价值，还要关注亮点是什么；不仅要关注提升的指标，还要关注关键人的评价。把这些关注点呈现出来，执行力自然就清晰可见了。每一个可见的成果，都是执行力的体现。

04

解决问题的能力，是怎么炼成的

如果说，职场人和未进入职场的学生之间只有一个区别，那就是：工作场景不同。

作为学生，需要面对的"工作"场景是具备很强确定性的课堂、考试。而职场人，则需要随时面对不确定的"工作问题"。这些问题，多数是职场新人未曾"学习"过的。一些"职场老鸟"或许可以凭借经验来解决这些问题，但是在层出不穷的新问题面前，能够在职场中胜出，成为高手的人，依靠的显然不是既有经验，而是解决问题的能力。

解决问题的能力是怎么炼成的？

1. 职场上需要的是解决问题的高手

你有没有认真地想过，工作的本质是什么？我们曾经问过一些职场人这样的问题，回答五花八门：

有人说，工作的本质是为了生活。

有人说，工作的本质是为了填满生命的时间。

有人说，工作的本质是为了创造价值，服务社会。

有人说，工作的本质是为了实现自我，证明自己是一个有用的人。

有人说，工作的本质是为了解决一个又一个问题。

……

这些回答都有各自的角度，无所谓对错。但是，换一个思考方式：如果不是从自己的目的出发，而是从目的实现的角度出发呢？也就是说，如果希望通过工作来实现自我价值，满足更好的物质和精神追求，工作意味着什么呢？说得直白一点，如果从雇主，也就是你的老板或者客户角度来看呢？雇用你来工作，购买你的服务，这意味着什么？是的，解决问题。解决现实中一个个困难的、复杂的、麻烦的问题。

只有解决了一个又一个问题，才能被称为工作能力强。在解决问题的过程中，才能够创造价值，实现自我，才能够有更好的生活。

在职场上，人们关注你的学历、专业、资质，提问题，看经验，也都是在验证：你是否有解决问题的能力？所以，你尽可以陶醉在自己的"专业对口""名校毕业""有实践经验""才思敏捷"的标签中，但是，不要忘记的是，职场上的"问题"无处不在，猝不及防。

林强是自动化专业的毕业生，实习期被分配在技术岗。到了实际工作的车间中，每天面对陌生的设备，林强懵了，这跟书本中说的也不一样啊。每次设备有点故障，林强都是先翻书本，再翻图纸，总想在书本中找出正确答案。

小丁是生产线的一名班长，对每一个设备都很了解，哪台设备容易出故障，哪里是故障高发点，他都了如指掌。每一次林强在翻书本看图纸的时候，小丁过去鼓捣一番，机器又恢复了运转。

同事和领导都看在眼里，设备一有问题都去找小丁解决，时常会让站在一旁顶着技术员头衔的林强感到尴尬。

小丁虽然没有上过大学，但因实际经验丰富，在问题面前能够做到准确判断，缜密分析，快速解决，从而显示出了优于林强的解决问题能力。

案例中的只是车间遇到设备故障时的问题，而职场新人可能遇到方方面面的问题，有工作上的难题、有人际关系的矛盾，有跨部门合作的障碍，更有个人发展的困惑等。遇到这些问题时，你该如何解决呢？翻回书本，恐怕是找不到答案的。

其实，讨论学历是否重要并没有意义。我们需要关注的是，针对不同的职业，在不同的阶段，不管是代表着知识的学历，还是代表着经验的经历，本质上，最被看重的，就是解决问题的能力。如果你发现学历不能解决问题，那就尽快丰富经验；如果你发现经验不再奏效，那就尽快学习新知识。**成为解决问题的高手，才是职场人要追求的目标。**

那么，要想提升解决问题的能力，具体从哪里着手呢？我们可以把问题简单分成两类：一类问题与具体事情相关，另一类问题与人的沟通有关。这两类问题经常不分彼此地纠缠在一起，所以，面对一个问题的时候，我们一定要找到问题的关键，分别处理。

2．解决问题的一般套路

在面对具体问题的时候，解决起来是有一定套路的。或许专业不同，具体场景不同，但是解决问题的基本思路都是一样的，我们只需要循着这样的思路，结合具体问题进行调整就好。

应急救援部门到公司检查。安全员小刘作为公司安全科的一员，陪同检查。检查后，应急救援部门提出几项整改建议，其中有一项是：消防器材前面有障碍物遮挡，要求立即整改。听上去不是难事，把障碍物移走就可以了吧？其实不然，有些消火栓柜前放置了货架、设备等，如果移动，会涉及到车间内的整体布局。小刘应该如何处理这个问题呢？

第一步：定义问题

定义问题，这与我们上学时的解题思路相似。先判断一下这是一道计算题还是应用题，计算题有计算题的解题方式，应用题有应用题的解题思路。这是一个技术问题，还是关系问题？是一个通过你的努力可以解决的问题，还是根本不是你能力范畴内能解决的问题？这都是需要思考的方向，而不是遇到问题，仅凭一股热情就向前冲。

案例中的问题，听上去不难，把障碍物移走就可以。但障碍物不是简单的一个扫把或水桶，障碍物是已经放置了很久的货架，货架上放满了物品，还有去年新上的一台设备，在这里运行已有一年多。从重量上小刘移不动，从权力上小刘无权动。看来这并不是一个简单的挪走障碍物的问题，而是一个跨部门沟通的问题。

既然是跨部门沟通的问题，肯定要向领导汇报了。但汇报之前，你有一些必要信息要掌握。

第二步：搜集信息

遇到问题，不要原封不动地汇报给领导，否则的话，就变成了一个传声筒。甚至在领导看来，你成了一个传达指令的人，这样带给领导的感受一定不好。我们要先做能做的事，需要协调资源的话，再向上申请。最起码，要先了解基本的信息，做好领导继续提问的准备。

小刘接下来要做的就是：要了解货架是哪个部门的？设备又是哪个部门的？什么时间放在这里的？有没有更合适的地方可放？小刘可以以安全员的身份在车间里再看一下是否还有同类问题，等等。

搜集信息，是为后续解决问题做好准备。自己解决也好，上司解决也好，都要在掌握全面信息的前提下做出决定。因此搜集信息这一步非常必要。

第三步：分析问题

了解了基本信息，还要再深入思考一下。如果这个问题不解决，会有什么影响？如果解决，会带来什么良好效果？如果不解决，存在安全隐患，一旦有火情时，消防设备前面有遮挡物会影响消防设备的正常使用。同时，消防法规中也明令规定消防设备周围一定范围内禁止堆放物品。如果解决，一是遵守了法规，二是能够消除隐患。

由此看来，这是个必须要解决的问题。但用什么样的方式解决更快更见效呢？这也是小刘要思考的问题。

作为一名新员工，解决问题的方式体现着你的职场成熟度。如果你以一封邮件发给各部门领导，将整改意见书作为附件抄送，这是一种解决方式；如果你直接找到障碍设备所属部门的领导，要求其移走障碍物，这也是一种解决方式；当然，你还可以了解了基本信息后，汇报给自己的直属上司，由直属上司去沟通协调。你觉得哪一种才是最能体现职场成熟度的方式呢？

第四步：制订解决方案

我们总说，别直接把问题给领导，要带着解决方案找领导；要让领导做选择题而不是问答题。类似这样的问题，小刘自然是要带着方案向领导汇报的：

领导，今天应急救援部门的检查给出了几项整改意见，有两项当时就按要求整改了，还有一项是在消防设备前有货架和设备遮挡，要求一周内移走。

我了解了一下，货架和设备都是生产一部的，因为车间内空间有限，是去年3月放在那的。

如果移动的话，我实地看了，设备可以向南再移动2米，还有空间。货架可能需要放到仓库里。但这最好是由您与生产一部的部长打个招呼。

移动之后，我会在消防设备前用黄色胶带划出"不可占用"的标识，做个提醒，这样以后就不会有人再在消防设备前面放物品了。

如果你是小刘的领导，你觉得这个方案如何？或许你还有更好的方案，但小刘把汇报方式、解决方案以及后续的对策都想到了，领导就这样被"向上管理"了。没什么可说的，按小刘的想法与生产一部的领导进行沟通吧。

制订的解决方案，一定是认真思考后的方案，一定是要经过实地考察后再提出方案。只要信息提供得全面，不需要领导再费时间到现场了解，那么提出的方案自然也很容易被采纳。

第五步：实施方案

实施阶段，就是具体的行动阶段，协调好一起行动的人，按照规定的时间去做就好。但是有一点需要注意，虽然是领导认可的方案，领导指示的行动，但也要在执行过程中注意与其他同事的合作，与其他部门的协调。不要太过于"冒进"，好像拿着尚方宝剑一样。记住，合作永远是职场的主调，圆满完成任务才是目的。

以上的几个步骤，拆解之后或许觉得麻烦，但其实在刻意训练过自己的思维方式之后，很容易一环接一环地完成。无论问题大小，都以这样的流程对待，解决问题的能力也就随之提高了。

我们看，一个小问题，就会涉及到沟通，那如果是涉及到复杂项目的合作，需要跨部门配合，需要向上争取资源，那岂不是难度更大了？在涉及到与人打交道的事情上，我们在解决问题的时候，有一个特别有用的思维方式：换位思考。

3. 换位思考，让问题迎刃而解

"换位思考"这个词在职场和生活中太常见了。职场中，我们常说要换位思考，领导日理万机，要理解你的领导；下属勤恳劳碌，要体恤你的下属。生活中，我们常说孩子的学业太重不容易，要理解孩子；父母所作所为都是为你好，要心疼父母。把"换位思考"的口号挂在嘴上，就真的可以换位思考了吗？

换位思考，还真的不容易。动画电影《茶啊二中》，就虚构了一个严厉老师和调皮学生"交换身体"的故事。影片中，即便是偶然间神奇般地换了身体，他们彼此之间也还是不能理解对方。直到深入了彼此的生活，看到了不同的侧面，双方才真正实现了"换位思考"。

要换位，决不能"自以为"站在对方的角度去思考，而实际上却只是用自己的眼光做着无谓的判断。**真正的换位思考，先要想明白你是在和谁换位。要明确换到对方的位置后，对方的需求是什么。进而，再去思考，如何在尽量满足对方需求的情况下，把事情圆满完成。**

小李是入职两年的技术员。每次参加培训都带着电脑，老师在前面讲，他打开电脑正常工作，头都不抬。

在老师讲话的间歇，敲击键盘的噼啪声属实刺耳，同事忍不住侧目。老师强压不悦："你很忙吗？如果真的这么忙，现在可以回去工作，不用来参加培训的。"

场面一度尴尬。

我们来分别换位，分析一下小李和老师各自的心理和需求：

小李认为，这样的规则培训年年讲，用处不大。所属领导安排的设备维修报告还没写完呢，正好趁这个时间赶完，既参加了培训，又完成了报告，一举两得。

老师认为，培训课上你不专心听讲，带着电脑继续工作，明显是对培训不重视啊。不仅有损老师威严，也影响其他同事。

如果双方都能换位思考的话，小李能想到老师对培训课堂的期待，能想到整体培训的要求，必然不会带着电脑来参加培训；老师若能明白小李也是为了尽快完成手头工作所以带着些许无奈来参加培训，也就不会有那般犀利的言辞了。而他们共同的需求无非是完成一次常规培训。

任何问题面前，如果能够真正换位思考，都会有解决的方案。

领导安排林小小牵头做一次读书会活动。但不仅林小小之前没做过类似的活动，就连公司内部也没有过类似活动的操作经历，领导也没有具体思路。

领导指示：小林，公司内要开展读书会活动。你组织搞一个读书会吧。

但是不能这么说。而应进一步请教：领导有什么具体的指示吗？比如读的书目？参加读书会的人员？

领导：这个，你先做个方案吧。

这时候就要明白了：看来，领导也没有特别明确的想法。

林小小在网上查阅了读书会的相关资料，也参考了公司内做读书会的书目、流程等，第二天提交了第一稿的方案。

林小小：领导，关于书目，我列了三本适合公司员工共读的书，您从中做个选择。另外，对于具体的流程形式、时间等我都写在了计划里，请您指导一下。

领导看了方案后提了一些具体想法。林小小可以根据领导的具体指示再进一步明确读书会活动的参与人员、时间、形式、总结等相关事宜。

我们看，领导交代的任务，林小小在请示之后发现，领导对读书会并没有什么具体思路。那就需要她换位思考：在没有思路的情况下，领导期待通过一个方案看到什么？一定是希望看到一些可以借鉴的做法，并由此形成自己的思路，包括做这件事的价值和意义。那接下来就简单了：收集目前可以找到的读书会方案，进行分类，并且结合公司的实际，形成具体选项，然后就可以拿给领导进行选择。

千万不要以为这样就万事大吉了，这只是一个开始，这样的方案的最大价值就是以资借鉴。领导看完了，自然会形成新的想法，或许会否定所有方案，开拓出新想法。但这也说明了之前方案的价值。

切记，不可坐等着问领导要方法，你必须要有开始第一步的动作。这就是领导所期待的。

4．破解资源不足难题

面对任何问题的时候，最让人头疼的，就是资源不足。资金不够、人员不足，这些都是显而易见的资源不足。还有一些可能不易察觉的资源不足：比如内在资源不足；比如，缺乏做一件事的经验和技术；再比如，缺乏做一些事情的信心和管理能力。

资源不足，确实让人头疼，却也是区分解决问题高手的"金线"。说起来，解决资源不足问题的关键，也很简单，主要还是参照解决问题的"套路"：得先认识到资源不足，而且准确地分析出哪种资源不足，然后找到可以提供这样资源的渠道。

认识到资源不足，并且保持开放地接纳这样的"问题"，就不会把自己困住，不会受限于依靠一己之力的资源，不会受限于一时的资源，而是会积极地争取资源。你做不到的事，或许同事可以做，或许可以跨部门完成，或许领导有资源。所以，**认识到资源不足本身，恰恰就是破解资源不足的钥匙**。因为认识到资源不足，其实是看到了解决问题的方法。

进而分析：如果限定在某个时间完成这件事，那么，可以到哪里寻求这样的资源？为了寻求资源，是否还需要别的资源？这样一路追问下去，总可以把问题化解到自己可以解决的难度。就像是从一个高塔的顶部往下铺台阶，直到铺到自己的面前。当然，这个铺台阶的人，是你自己。

这次，林小小又接到了一项新任务：利用两周的时间在公司围墙上画上以环保为主题的墙画。而且不能找外部画师，墙画要完全由公司内部员工完成。

接到任务的那一刻，小小也懵了：40米长的围墙，涂鸦墙画？环保主题？内部员工完成？这不是画板报，这是一面墙哦！领导你没事吧……

小小仅有的一点美术功底，是学习了三个月的水彩画，也都是在白纸上完成的。室外的墙面涂鸦，只是看过，但真的没有操作过。

首要的问题是，没人。其次，没思路。再者，天气都凉了，两周的时间，如果赶上降温，根本完成不了。任务得接，难题得破解，虽然信心不足，但第一步的行动必须开始。

第一步：林小小先在公司内发布了个"征集画师"的通知，说明了原因、目的、内容，希望爱好画画的员工、员工家属都来报名参加。

征集画师的同时，她去买了一桶乳胶漆，请公司的保安人员先将墙面打底工作做好。等待报名的同时，也积极地打听谁爱画画，谁家的孩子参加了美术兴趣班，主动邀约。

第二步：上网搜集素材。环保主题，又不能太复杂，临街的围墙既要美观又得起到环保宣传的作用。搜集好素材后，请领导确认。

第三步：林小小的积极主动吸引了9名员工及他们的孩子。有了孩子们的参加，这项工作似乎更有意义了。林小小开始给参与者发布任务，分区域、分素材，购买颜料等作画工具，并约定了周日一起开工。

第四步：周日画了一天，也只完工一半。此时距离截止日期只剩不到一周了。如果再等下一个周日开工就有点来不及了。参与画画中的一名主力是车间内的一名员工，如果他能利用工作时间来画就再完美不过了。怎么办呢？需要搬出领导与车间领导沟通一下，看是否有可能。结果，沟通非常顺利。

第五步：主力画师又画了整整一天，并由林小小负责协助，结果比规定的日期提前三天完工。林小小拍出完美照片，呈交给领导，逐级报告。

看着这幅长长的墙画，想着这一个个难题的攻破，林小小内心充满成就感。

这项任务对林小小来说，属于明显的各方面资源都不足。但不能因为资源不足而把自己困住。征集邀约、请求领导协助沟通、自己亲自上阵，在呈现完美结果的同时也体现了她的能力。

所以，资源不足并不可怕，认识到资源不足的时候，就把问题转变为了：哪里有资源？如何寻找资源？如何整合资源？问题也就逐步破解了。

在职场上解决问题，对我们每个人来说，都是必须面对的；在职场上解决难题，也是我们借以升级自我的机会。

我们不要怕问题，不管多难、多麻烦，如果可以按照步骤破解，总会在持续推进之后，慢慢出现"柳暗花明又一村"的惊喜。在这个过程中，我们提高最多的，除了能力，更重要的是信心。相信难题终会有解，相信总有系统可以依赖，相信这些难题给我们带来的跃迁。

然后，回头来感谢我们遇到的每一个难题。

05

协调力：
站在更高维度看待问题

　　大久保幸夫在《12个工作的基本》一书中列出了引导职业生涯走向成功的12种基本能力，最后一项是协调力，他说，协调力是所有能力中最高级的能力。

　　协调力是什么能力？在众多岗位的能力要求中，都对"协调能力"有明确的要求，诸如人力资源管理者、项目管理者、教师、律师、前厅经理、客服人员等，无一不需要协调能力。人力资源管理者需要协调组织与员工之间、部门与组织之间、员工与员工之间的关系；项目管理者为保证项目进度需要协调与材料供应商的关系，还要协调与甲方、乙方的关系；律师需要协调双方当事人之间的关系；教师需要协调学校与家长、学生之间的关系；即便是一名餐厅服务员，都要协调不同客人之间，以及客人与餐厅之间的关系。协调真的是无处不在。

我是新人，我能协调谁

说到协调，刚入职场的新人，可能就打怵了，连同事都认不全，什么经验都没有，我能协调谁呢？这样一项高级能力，不是得等到有了丰富经验之后再升级吗？

职场可不像校园一样，从来不考超纲题，掌握重点就能考高分；职场也不是打游戏，都是安排好的关卡，逐级闯关就行了。职场新人不仅需要面对协调问题，而且由于经常缺乏资源，反倒特别需要通过协调力来完成任务。

销售部例会，孙明接到了部门领导张总安排的一个任务：制订一份下个季度的销售计划。

会后，孙明就开始找各种资料做准备了。分析了之前几个月的计划，再看了看部门年初的计划，找到一般模式、框架，花了三天时间，就把计划交了上去。

谁知道，张总翻了一下计划，就扔在一边："如果这么简单的话，还需要你来做计划吗？按照之前的计划进行不就行了？"看着孙明一脸懵，张总多说了一句："你认真了解一下最近市场的变化吧。"

孙明赶紧找同事打听，原来市场发生了变化，产品部紧急研发了一款新产品，销售部需要配合市场部和产品部及时调整销售策略。这份计划就是来应对这样的变化和调整的。

那么，协调工作就来了：孙明不只需要参考之前的销售计划，还需要协调销售部、产品部、市场部，以及客户服务部等不同部门的同事，一起来制订这个计划。

在这样的场景下，你一定会感觉到，这项工作需要的可不是平时常说的沟通能力。沟通，过于空泛，协调力才能让人找到抓手。

孙明至少要做这么四件事：

首先，需要向销售部的同事了解目前的销售情况和客户需求。

然后，需要向产品部的同事了解产品的特点和优势。

接下来，需要向市场部的同事了解市场趋势和竞争对手情况。

最后，需要向客户服务部的同事了解客户反馈和服务质量情况。

在这个过程中，需要收集不同部门的信息和意见，也需要协调好与各个部门的合作，来最终制订出一份切实可行的销售计划，以促进公司产品的销售和业绩的提升。

你看，在其中，沟通只是形式，需要通过协调做的事可真不少。那么，该如何快速掌握这种"高级能力"呢？

提升协调力的三个关注点

协调力之所以是一种高级能力，不仅因为面对的任务复杂，还因为协调力往往需要一个人站在更高维度来看待问题，也就是说，需要具备全局观。

那么，如何用全局观来看待一件事呢？

1．关注目标背后的因素

在做协调工作之前，首先关注要达成的目标是什么，以及目标背后的需求是什么，也就是实现目标的目的是什么。对于前面的案例来说，目标不是制订销售计划那么简单。而是通过制订销售计划，来明确下一步的工作重心和节奏，实现部门内部工作调整，这才是制订销售计划需要关注的。

看到这样的目标，就不会简单地认为制订销售计划是一种复制粘贴、修改调整的文秘工作了。看到这样的目标，自然会提出问题：为什么这个时候制订销售计划？背景是什么？老板的期待是什么？进而，就会关注一个目标所涉及的相关因素了：市场变化、战略调整、人事变动、客户变化……

虽然，在实际情况中，并不一定所有因素都会发生，但是能够看到影响目标的多种因素，本身就是一种全局观的体现。

2．关注目标相关方

接下来，围绕目标，并结合影响目标的相关因素进行分析，相关方就浮出水面了。原来，你或许不知道还需要拉上产品部一起讨论，但是，销售的对象是产品，下个季度产品就要上新了，一定少不了请产品部来介绍新产品的。原来，你或许没想过需要市场部配合，但是，销售受到市场的影响，了解到了公司今年的市场战略有调整，下个季度有新变化，那就一定要让市场部来介绍一下市场新策略。

目标的方向，决定了涉及到的因素，而这些因素又有直接的关联方。了解因素背后的关联方，就把一件事的全局观建立起来了。接下来，就需要通过各种沟通来协调工作了，在沟通之前，还要关注一下资源流向。

3．关注资源流向

制订销售计划是销售部的事，具体说，就是老板安排给孙明的工作。那么，如何才能获得其他部门的支持呢？这也就是很多职场新人发愁的地方了：我和大家不熟，我只是一个新人，我没有什么权力和资格，如何去协调？

这样的思考方式还只是建立在单打独斗的狭小空间之下，如果考虑到全局观下的资源流向，就会是另外一番局面：

产品部掌握产品信息，他们也特别期待获得来自客户对于新产品使用的直接反馈；市场部掌握市场信息，他们也特别期待在具体的销售中验证对于市场趋势的把握；客户服务部有完整的反馈和服务机制，同时他们也需要前期的销售过程能够尽可能规避风险。所有这些相关部门，既有销售部需要的资源，又都需要销售部的支持。而销售部呢，如果能制订出一份精准有效的销售计划，将会高效地完成下个季度的工作指标。

这么看，协调工作是不是就简单了？

对于职场新人来说，并不只是你一个人在协调，你有工作赋予的职业角色；你也不是让大家来帮你的忙，而是大家一起来完成一个有利于每个人的工作目标。看到资源的时候，就看到了协调的方向。

升级协调力的两个方向点

在做协调工作的时候，我们一定要关注两个关键点，之所以关键，是因为这两点在实际工作中大概率会出现，而且一旦做不好，协调工作就会面临危机。所以，这两点其实也是我们升级协调力的方向点。

一是在开始协调的时候，就注意给各项工作留出足够的空间。 我们平时做计划都知道要留足空间，而协调工作的难点是，整体进度依赖各方工作进度。任何一个因素出了问题，都会让计划搁浅。当然，对于职场新人来说，一般面临的协调工作难度还不会很大，更需要的是通过自己的积极主动、跑动穿梭来节省时间，达成目标。

二是在互相配合的工作中做好及时反馈。 这是一个极容易被忽略的点，说来只是一种职业化的工作习惯，但有些人工作了好久都没有学会。

及时反馈，在协调工作中起到一个同步的作用，告诉各方：

我们进行到了哪里。作为协调人，需要及时向相关方反馈接到的信息，起到"通讯兵"的作用。

在及时反馈、同步信息的过程中，至少起到了两个作用：第一，让领导安心，同时方便领导根据最新信息做下一步决策，当然，提供给领导的信息一定要是经过加工处理的；第二，让工作相关方根据反馈的信息，协商下一步计划。

协调力之所以是一种高级的职场能力，就在于职场中有些工作突破了一个人的资源限制，需要更多人合作才能完成。而这样的工作，是职场工作的常态。对于职场新人来说，不仅打破了单打独斗的工作模式，而且还需要意识到协调本身的重要价值。

06

汇报力：
给工作画上完美句号

　　一部好的电影，剧情固然重要，但演员精彩的演绎会对整体观感起到推波助澜的效果；

　　一个好的楼盘，质量固然重要，但金牌销售的介绍会让你燃起对新生活的向往；

　　一个好的方案，策划固然重要，但条理清晰的说明会让听众沉浸其中并有更多期待。

　　工作中，有些人明明做了80分的事，但汇报时表达不清，所以可能只有60分的效果。有些人同样做了80分的事，但汇报时的优秀表现可能会使他达到100分的效果。

　　工作汇报是给一项工作画上句号，它至少有三个作用：

　　1. 对自己来说，工作汇报是一个节点，是对之前工作的总结复盘。

　　2. 工作汇报是在向领导交差：告知工作完成，领导可以根据完成情况安排接下来的工作。

3．工作汇报是一种展示。收获、发现、成长、期待，都可以在汇报中表达，这是在和领导、同事更新自己的发展情况，也是在争取新的机会。

那么，如何更好地呈现你的工作？如何通过汇报将 80 分的工作提升到 90 分甚至 100 分呢？你的上司更期待什么样的汇报？

小事汇报看时机

工作中，什么样的事情是小事？日常的、执行起来简单的、不需要花费太长时间的事，都可以划归到小事一类。比如，召集各部门安全员开会，购买一台小型音箱，布置主题宣传板报等。

即便是划归到小事一类，完成之后同样需要汇报。因为汇报是对任务指令的回应，这样才会让工作流程形成闭环，同时也能表现出等待接受下一步指示的积极态度。只是这种汇报无须占用领导太长时间，在完成工作之后找合适的时机向领导汇报即可。

周一早上领导安排小陈通知各部门的安全员周四下午开会。

小陈倒也没耽误，领导吩咐后的第一时间就给各安全员发了邮件，通知了会议的时间和地点。

转眼到了周四下午，领导已经在会议室等待了。但一共 6

名安全员，只来了3位，还有3位没来。

领导转身问小陈："你都通知到了？"

小陈说："通知了。但是制造部和品质部的安全员都出差了，技术部的安全员今天请假了。"

领导的脸色都变了，本来是上级有重要的检查要通知给安全员，但关键部门的人员都缺席，这会议如何开？

"3个人不能出席，为什么不通知我？"

小陈嗫嚅地说："我看您一直忙……没找到机会向您汇报。"

小陈犯了两个错误，一是没有向领导反馈会议出席情况；二是不知道什么时间反馈合适，一直在等领导不忙的时间。

这样的情况在工作中很常见，作为下属看到领导一直在忙，要么埋头看文件，要么在接待客人，要么在开会，该说的话没顾上说。以此为由没有汇报，出了问题似乎是因为领导太忙以致自己没有时间汇报。到底是谁的责任呢？领导真是忙到没时间听你说话？"忙碌"是一种外在表现，"顾不上听你说话"那是你的内心戏。领导再顾不上，该汇报也得汇报，不汇报就是你的责任。

这不是具体问题的处理能力不足，而是对于工作的认识程度不够，思考不够深入。表现出来的，也是负责任的态度不够。

这种情况下小陈的正确做法应该是：

1. 在给安全员发送会议通知邮件的同时抄送给领导。这样各安全员反馈能否参加的回复邮件，领导也能同步看到。

2. 在收集全部的反馈结果后做个简单汇总，几人参加，几人缺席，将结果以邮件的形式向领导汇报。

3. 如果看到领导一直在忙，或者发了邮件领导没有回复，一定要面对面告知一下：领导，周四的安全员会议有 3 人不能出席，并说明原因，然后问问是否需要调整时间？

会议通知的目的，是确保会议能顺利按时召开，而不是通知了就完成了。那样的话，久而久之，就容易"自我贬值"为"传声筒"。

日常工作中有很多类似的"小"任务，对于结果的汇报，就需要"随时随地"把握时机。可以是电话汇报，可以是微信汇报，也可以在领导工作的间隙当面汇报。

小事汇报的原则是：及时反馈。

大事汇报看形式

什么又是工作中的大事呢？大事是与小事相对而言的，很多大事都不是一个人可以完成的，需要团队合作。大事也不是可以迅速结束的，往往需要一个项目周期。当然，对于大事，从公司、部门到参与者也都会非常重视。所以，汇报大事，往往需要花费更长时间做准备，需要通过书面资料来说明，需要专门开会进行汇报。

比如，对同行业入职薪酬的调查，对某个项目整体情况的说明，对年度工作的总结等，这些就需要比较正式的汇报。大事的汇报，关键点在于"形式"。工作已经做完，与工作密切相关的人也对结果有了大致了解。然而，汇报的意义不仅仅止于仪式感，全面梳理、总结，重新排列、呈现，一定会升华工作的意义。同时，汇报的流程、逻辑、内容都展示着汇报者的能力。这时，汇报的形式就很重要。

在管理咨询领域，金字塔原理广为人知，这是一种思考、表达和解决问题的逻辑。金字塔原理的基本结构是中心思想明确，结论先行，以上统下，归类分组，逻辑递进。它强调"先重要后次要，先框架后细节，先结论后原因，先结果后过程，先论点后论据。"咨询顾问芭芭拉·明托在其著作《金字塔原理》一书中，对这个理论进行了详细而系统的阐述。在工作汇报的时候，我们就可以以此为参考，清晰而明确地表达，并训练我们的呈现能力。

人事部小李接到的任务是：调查周边同类企业一线员工的夜班津贴情况，以便公司整体调薪时作为参考。

这是一件"大事"。从目的来说就很重要，作为员工调薪时的参考，马虎不得，必须保证数据的真实可靠。调查周边同类企业，虽然没说具体样本数量，但要作为参考，怎么也得是10 家以上同类企业。同时，这项工作不是一天两天就能完成的，至少得两周时间。

两周后，小李的调查工作完成。先与领导预约："领导，您交给我调查夜班津贴的工作完成了，我想约个时间向您汇报一下。我需要 1 个小时，您看什么时间方便？"

确定了领导的时间后，小李预约了会议室，准备好资料，正式的汇报要上场了。

按金字塔原理，要结论先行：

领导要看的结论是公司现有的津贴水平在同类企业中处于什么水平：低位？中位？中高位？如果你能够以一张可视的分析图表来呈现，再完美不过。能让领导一目了然地看到公司在整体行业中的现状。

接下来的说明，可以分类、逐层递进：

一共调查了 20 家企业。其中外资 ×× 家，私营 ×× 家，国资 ×× 家。

将 20 家企业的津贴标准，分成了三类：低、中、高。并明确三类标准分别对应的区间是 ×× 至 ××。

继续递进，呈现处于不同标准的几家企业的企业性质、建企时间、对人才市场的影响力，以及这些企业对于津贴薪酬的看法，薪酬调整的周期等。这些方面，一定是越详尽越好，越准确越好。

这样的呈现，不仅说明了前面结论中分类的原因，也进一步说明了更为详细的信息，呈现了调研工作的具体内容，以便于领导据此做出相应决策。

在描述完其他企业的情况之后，一定要再次说明本公司的现状在对比中的位置，以及处于同类位置企业的情况。

最后可以试着提出个人建议：根据同类企业情况，考虑到整体薪酬的市场竞争力，提出夜班津贴的建议调整区间，并说明原因。

这样的汇报，有结论，有过程，有依据。给领导一个明确结论的同时，也让领导看到了你的逻辑严谨、流程职业化。在汇报的过程中，可以展示整理好的资料，还可以适当说明你沟通的方式，是一个让领导多方面了解你的机会。这样的工作汇报，就像是大厨烹饪，面对一堆食材，需要知道如何搭配，烹饪方式，以及食材入锅的先后顺序。只有这些都做好了，最后才能呈现出美味佳肴。

大事汇报的原则是：流程和逻辑。

汇报展开谈价值

如果能在工作汇报中把事情讲明白，这就拿到了基本分。但这远远不够，因为领导、客户希望看到的，一定是超出工作过程、结果之外的东西，否则，工作汇报只看邮件就可以了。

作为追求成长和卓越的职场人，一定还要认识到：工作中的汇报不止于对事情本身的汇报，如果能在汇报的同时呈现出你的成长，展现出过程中的收获，以及对工作更深的思考，那就呈现出了工作的意义，进一步发挥了汇报的价值。80分的工作结果，在通过有价值的汇报之后，就可以达到90分甚至100分的结果。

以新人小罗的工作汇报为例，看看她是如何发挥汇报价值的：

年初，领导安排小罗负责员工生活中的"读书"工作，希望更好地营造公司的学习氛围，此举也是建设学习型企业进程中的一个必要动作。

年底工作汇报的时候，小罗先以一组数据，展示了全年举办读书会交流的次数，参加读书会的人数，共读书目的数量。再以照片为证，展示了员工发表的读后感等作品，记录下的共读感受，以及每次交流会的照片和大家对于读书会的反馈等。

然后，通过对几位部门负责人的访谈实录，展示系列读书活动前后组织内氛围的变化，以及参与者的个体变化。

以上这些是对工作的基本汇报，到这里，读书活动的组织工作已经呈现得很全面了。

锦上添花的是，小罗还汇报了自己的成长：

通过组织系列读书活动，我与各部门的员工有了更深入的交流，理解了员工对于成长的渴望，以及对于工作价值的需求。同时，也更加理解了公司开展读书活动对于激发员工成长，提升员工价值的意义。

这项工作对我自己来说，收获很大。我认识到了人力资源工作的另一层意义：不仅仅是日常的事务性工作，还可以通过我的行动对公司文化起到良好带动作用，可以提升员工价值。在组织活动的过程中，我也从员工的反馈里，获得了很大的鼓励。这是我之前没有意识到的，我感觉非常有价值，这也增强了我的动力。同时，在读书活动的组织中，我是最大的受益者，我读了更多的书，认知和能力都有提升，获得了很大成长。

小罗在讲述工作意义时神彩飞扬，领导们从她身上看到了活力，看到了朝气。

如果你是领导，你一定希望看到小罗这样的员工。因为她不仅把一份工作完成了，而且通过一份工作，实现了更大的价值。

在工作汇报中可以展开的价值点有：

1. **自己在工作中的收获。**这是一个让领导看到员工的价值在工作中获得提升的机会。领导一般都乐于看到这些，他们会因为员工的升值，而感受到自己工作的成就感。

2. **自己对于工作的思考。**注意，指向自己，而不是向其他人提出整改建议。这是在表现自己的可塑性。

3. **自己的兴趣点或者期待点。**讲述自己对哪一些工作感兴趣，希望提升什么，期待获得什么机会。这是一个争取机会的时机。

工作是由一件件事情累积起来的，每一件事都要有个结果，汇报指向事情的结果，这毋庸置疑。如果工作中的更多收获和感悟能在汇报时一并呈现，那既是给自己争取了一个被看见的机会，同时也是给工作画了一个完美的句号。

07

成果思维：
帮你锚定目标和提升自我价值

　　简单地说，成果思维就是关注成果取得的职业发展的思维方式。这其中有几个关键点：

　　1. 成果思维关注的是"成果"，而不是简单的"目标"。二者有本质区别。目标可能是外界要求的一项任务，而成果一定是与长期的职业发展相关联的，不管外界是否要求，自我都要有要求。另外，目标可小可大，成果相对来说，就需要是一个相对较大的结果。所以，实现一个成果，需要以年为单位。

　　2. 成果思维关注结果取得与职业发展之间的关系，关注最终取得的那个成果如何成就未来的职业发展。

　　3. 成果思维关注最终的结果，是一种以结果为导向的思维方式。这并不是说，没有结果的过程就没有意义，而是说，结果可以把过程中获得的价值显现出来。

"没有功劳，也有苦劳"的思想已经过时

不知道你有没有过这样的感受？每到年底的时候，总结这一年的工作，你会发现：看似忙忙碌碌，却又一事无成；看似做得不少，却好像都是为他人做了嫁衣。这样的情景，到了你要跳槽，面试一家新雇主的时候，会展现得更为残酷：你拿不出来一个像样的"成果"，很难说明自己有什么"竞争力"。类似的情景，也发生在一些人在竞聘新职位，申请评职称的时候。甚至在年底总结工作，申请评先评优的时候，也会让一些人忽然清醒起来。

D 公司因生产转型，无法消化现有员工，决定裁掉 10% 的员工。一切都是按照劳动法规定执行，甚至在经济补偿金方面，也在法律规定的基础之上又多给了几个月工资。但问题不是出在补偿金上，而是出在被裁掉的 10% 人员的范围划分上。

10% 的人员范围，被确定为生产线中年龄超过 45 岁的人。但并不是所有的超过 45 岁的人都被裁掉了，公司还是留用 2 名已经 48 岁的员工，这引起了被裁掉的多数人的不满。

一大早，HR 的办公室门口就被几位"大姐"堵住："公司这也太狠心了，我们干了这么多年，没有功劳，也有苦劳吧？这个年龄被裁掉，接下来我们去干什么呀？"

"没有功劳，也有苦劳"的思想，多数停留在"60 后""70

后"的观念中；对于"80后"来说，已经逐渐意识到"苦劳"的不可依靠；"90后"小伙伴可能根本就不太在乎什么功劳苦劳，只在乎能得到的回报；而"00后"的小伙伴可能会好奇：这有什么区别呢？

我们先说苦劳的表现，以前形容一个人工作认真，都说几十年如一日勤勤恳恳，以厂为家。几十年勤勤恳恳没问题，关键是没有什么成绩。几十年前就在做一项工作，几十年后还是在做这一项工作，没有变化，没有成长，一直都是低水平的循环往复。时间精力的成本投入了很多，效率却没有提高，这样的苦劳有价值吗？对于个人来说，没有得到成长。对于公司来说，只是投入的成本不断增加，但收益未增，其实也是一种浪费。如果这个岗位上必须要有人，不如换一个年轻的、工资低的人来做，这是从公司运营角度的想法。

有功劳是什么样？拿前面例子中没有被裁掉的2名48岁员工来说，他们并不是生产线上的领导，但却是生产线上的技术骨干。他们了解设备，日常工作中设备出现故障他们都是自行维修。他们一同整理出《生产线常见故障修复手册》，作为新来技术员的培训教材。他们不断改善设备，每年都会拿到公司的业务改善奖，改善记录中显示累计为公司节约费用90万元。他们还是工会活动中的积极分子，在员工中有很强的影响力。这些都是可见的功劳，不比较不知道，横向一比较答案自有分晓。

其实，不管身处什么时代，作为职场人，都会关注自己的价值衡量。如果说，在以前，人们衡量自己的价值，是要简单依靠外界的评价或者说"发的工资""定的职称"来衡量的话。那么，现在，人们就要转变视角向内看，看到我们如何通过自己的主动努力、创造成果，来体现自身价值。

对于职场新人来说，或许还不能考虑到多年之后的苦劳功劳，或者说没有足够大的的自由度来做选择，但要从现在就开始关注"功劳"。关注功劳不是要你急功近利，而是让你**学会关注工作中要有可以呈现价值的结果**。

其实在一些人的简历上，已经呈现了可见结果。比如，对于一个大学毕业生来说，在校期间参加了某项比赛，在比赛中取得了很好的成绩，或者在实习期间参与了什么项目，在项目中担当了重要角色并且取得了何种结果等，这些都是在简历中很闪亮的内容。在职场上，呈现价值的结果就要换一种形式了。比如，参与过什么项目，担任过什么职务，有什么专业资质，取得了什么业绩，获得过什么业内评价。

这样的成果不需要很多。其实，一般来说，因为成果的价值大，取得难，一般人也不会有很多成果。如果你能要求自己每年都可以取得一项成果，那么假以时日，等你再次面临职业选择的时候，一定会发现因为显现的价值增加，你可以选择的空间变大了。比如，如果你热爱写作，要求自己每年写一本书；如果你做销售，要求自己每年的业绩都能够实现突破；如果你是一名教师，要求自己每次职称晋级都是提前破格；如果你是财务，要求自己早早获得业内最专业的资质认证；如果你是技术工程师，要求自己逐步成为某个重点项目的主要技术专家。

有了这些成果，不愁看不到个人的职业价值，也就不会再关注什么是功劳，哪里有苦劳。

成果思维的核心，在于对长期发展的关注

成果思维不仅仅关注最后的结果呈现，它更关注这样的结果意味着什么。那些更难取得的成果，往往意味着需要一个人目标明确，目光长远，有很强的执行力，有较好的团队合作能力，可以整合更大的资源，创造适合发展的机会。

成果的取得，绝非偶然。能够取得一个个成果的人，一定有着很强的自我管理能力。正是这样的原因，成果才是一个人职业价值的重要体现，也正因如此，我们才需要提升自己，创造机会，接受挑战，取得成果。

成果的核心不在于"显眼"到容易被识别，成功人士的成果也是多年来持续积累的结果。对于职场新人来说，最重要的是，关注每一个阶段的目标与长远职业发展之间的关系，然后锚定这样的目标，设定一个节点性成果。

一位大学生在准备求职时，对理想职业有自己明确的目标。为了实现这个目标，他制订了详细的计划，包括了解招聘市场需求，找专业人士做职业访谈，提升自己的技能和知识水平，

参加培训，获得内部推荐，等等。通过这些努力，他最终成功地获得了自己梦寐以求的职位。求职成功，就是这个大学生取得的成果。

一位销售助理在工作中遇到了一些挑战，他总是疲于应付交办的工作，而且这些工作大多都是低水平的简单重复。他发现自己需要提高沟通能力以获得对于工作要求的更清晰的理解，需要提高时间管理能力以安排好被拆分的时间碎片。为了实现这个目标，他开始阅读相关的书籍，并参加一些培训和讲座。同时，一有时间，他就向同事请教具体的业务规范。每一次和同事的沟通，他都做好记录，事后复盘，找到提升点。通过这些学习，他的沟通能力和时间管理能力得到了显著提高，工作效率也得到了提升。到了年底，经理调整了他的工作内容，除了助理工作，他也开始接触客户了。这次工作调整，就是他的一个成果。

一位创业者想要开一家餐厅，和合伙人确定了餐厅定位，就开始了选址、餐厅装修、招聘员工等工作。经过一番努力，餐厅开业，可不巧刚开业半年，就遇到了疫情。创始人团队给自己设定的目标是：餐厅可以活下去，并且不辞退员工。疫情期间，他们提出各种方法来增加营收：做外卖、包餐、简食、工作餐等。三年过去，他们的餐厅没有关门，没有辞退员工，而且开了第三家分店。对这位创业者来说，这就是创业历程中的一个重要成果。

我们会发现，虽然职业不同，要求的职业能力有区别，但是如果锚定在长远发展的维度上，我们都会找到所处阶段需要成长的地方，并且找到可以体现这些成长点的成果目标。与一般的工作目标不同，在设立成果目标之初，就已经可以看到目标背后隐藏的内在价值，也可以看到借由目标达成之后，自己的提升点，以及自己会获得的阶梯式的发展。

所以，**成果思维的价值在于"主动"。主动设计自己的职业发展，并且把发展的主动权抓在自己的手里**，这样，就不会受到外界各种不确定的影响了。

实现这些当然需要勇气，以前有句话讲"有困难要上，没有困难，创造困难也要上"。这句话其实是说，如果这个阶段没有挑战了，那说明你需要根据成果思维设计目标，创造出有挑战性的目标。

关注成果，同样要关注过程

职场上一定是关注结果的，这一点无需辩驳。但在工作中，往往会有两种情况：

一种情况是，有的工作就是琐碎而平凡，成果从何而来？特别是职场新人，从基层工作做起，很难呈现成果。另一种情况是，职场人规划的实现成果的过程可能相对漫长，并且充满不确定，这种种不确定性又该如何管理？

我们不妨想像一下苹果长成的过程。从枝叶吐露新芽，结出花苞，开花，长出青果，青果渐渐变大，最后长成一个又大又红的苹果。这需要很久的时间，漫长的过程，可能会经历风吹雨打，干旱霜冻。到了结果的时候，苹果可能被别人拿去参加展会，拿去签订合同。这还没算一棵小树苗前期长成的过程。如果没有结果怎么办？如果果子被别人拿去了怎么办？如果整片果园不是你的，你只是参与了定期浇水怎么办？你又该如何呈现你的成果呢？

这就需要把关注点从结果上挪开，更多关注成果的本质，关注人的成长，关注人的贡献，关注过程。于是，过程的记录，就非常重要了。

种植果树的时候，吐露新芽需要记录，结出花苞需要记录，开花、长出青果、青果成熟的每一个节点，都需要记录。这些果实成长的记录，也是你自己成长的记录。

回到工作中，以不容易看到成果的 HR 工作举例：HR 不仅负责招聘、面试、培训，同时工作内容还包括员工关系维护、企业文化引领。员工关系维护、企业文化引领，听上去都很虚，你可以什么都不做，有矛盾时去处理一下；也可以做很多事，每天辛辛苦苦，忙忙叨叨。但是如果用成果思维来看，就可以把烦琐的工作过程通过量化、记录的方式呈现出来，进而反过来要求自己成长。

比如，围绕企业文化引领，自己设定出来具体目标：年度内组织 10 次以上活动，参与人员覆盖率 100%。并在每次活动中，通过发布海报、跟踪摄影、收集反馈、发布通讯、复盘总结、年度汇报等形式，让不易量化的工作成果化，让过程可视化。这样，不仅别人可以看到自己的成果，自己也能看到成长的方向。

成果思维至关重要，这不仅仅是要锚定最终目标，而且要关注内在成长对于职业发展的影响。目标的达成，只是过程发展的一个结果。有了成果思维，我们就会更加笃定地掌控自己的职业发展，让每一步的成长都坚实有力。

CHAPTER FOUR

让职场贵人
为你而来

01

组织内，谁是你的职场贵人 /

新入职一家公司，尚未把角色转变过来的职场新人，多么期待能像在学校里一样，拥有一位专属导师，哪怕是师哥师姐也行。这样的人，可以像"辅导员"一样，手把手教你每一项工作，事无巨细地给你指导。你无需惧怕任何挑战挫折，因为有他引领你走向光明大道。

这样的期待非常美好，但也就只能是期待。职场上几乎没有这样的安排，顶多是有个前辈作为"师父"，带你一段，接下来全靠自己。虽然组织上没有这样的安排，但职场上不乏领路人，你是否有一双慧眼，可以找到自己的贵人呢？你是否已经做好准备，让他们成为你的贵人了呢？

组织内，通常有三类贵人。

不可忽视的直属上司

直属上司，到底指的是哪一个层级的人？每个组织的架构不一样，称呼也不一样。你可以简单地理解为给你分配任务，你需要直接报告的对象。可能是项目经理，可能是部门负责人，也可能是项目组长、小团队的负责人。**对于职场贵人，我们要关注两件事：**

1. 他们"贵"在哪里？

2. 如何才可以让他们成为你的贵人？

对于职场新人来说，直接接触老板的概率不大，直属上司才是掌握着任务分配、资源配给的"直接老板"。除了能教会你业务的操作方法、帮你连接人脉和提供一些职场信息之外，**直属上司给你最重要的东西就是工作的机会。**这样的机会对于新人来说，非常难得。要知道，职场上的能力都是在一件件具体事情中磨练出来的，有些新人进入职场很长时间后还都只是跟着学习，没有单独上场的机会。

小李入职人事部门不到半年时间，组长安排她向公司员工做一次人事政策中保险基数变更的说明。虽然小李是人力资源专业毕业，对人事政策也不陌生，但刚来不久就以"专业人士"的身份对内部员工进行讲解，心里还是很紧张，总是担心无法应答员工的提问。

对于这次说明会，小李做了充分的准备，把员工可能提的问题都事先罗列并做好分类，在完成必要的说明之后，把员工关心的问题也都进行了列举说明，讲得条理清晰。说明会收到了非常好的反馈，也增强了小李的信心。

事后组长也特别表扬了小李，准备充分，发挥正常。小李非常谦虚地感谢组长给的机会，并表示今后会更多向组长学习，希望有更多可以实践的机会，为组长分担更多工作。

对于新人来说，需要在这个阶段快速地积累自己的能力。想快速积累能力，就需要多做事。如何能争取到多做事的机会呢？不是早八晚五付出时间就可以，也不是惟命是从，完全顺从就可以。**新员工想要争取做事机会，就需要体现出足够的担当，对工作的担当，也就是对于责任的担当。**

担当体现在两个方面：

一方面，你真的能把工作担起来。在这一点上，很多职场新人有误解，会认为承担工作就是自己领了任务就干，最后交给老板一个漂亮的结果。这样的心态，很像是"憋大招"，想要给老板一个"惊喜"。很遗憾，惊喜搞不好就会成为惊吓。"憋大招"不是担当，因为在大家都认为一个人可以独立承担一个大任务之前，必须要让利益相关方在一些小任务上感受到你的担当。任何一件小事，从悉心准备开始到圆满完成为止，确保直属上司了解进展，把握动态，这是让直属上司安心的动作。

另一方面，担当要体现在"责任"上，而不是"功劳"上。即便是工作完成得圆满，即便收获了大量的表扬，那都是直属上司的安排妥当，可千万别在这时居功自傲，而是要低调地做事，全力辅助上司踏踏实实地做好每一项工作。这可不是世故，要知道，每一份工作的功劳也都伴随着风险，最终的责任其实也都只能是老板来承担。**不去"抢功"，是对职场的理性认知，是在给自己争取更多机会。**

直属上司在职场新人的起步阶段起着非常重要的作用，会直接决定一个职场新人开头几年的成长速度。把他们变成自己的贵人，才能获得更多机会。

资历老的前辈

职场中，还有一类贵人：有经验，有资历的前辈。他们或许没有很高的职务，也没有分配工作和资源的权力，但**他们之所以是职场贵人，是因为他们有每一个职场新人都欠缺的经验。**这些职场前辈，或许三言两语就可以把一件事的奥妙讲明白，如果我们自己去摸索的话，或许就会遇到好多挫折，翻好几回跟头。

如何把职场前辈变成自己的职场贵人呢？

叶子入职财务部6个月了。

正值月末，同事李姐因为孩子病了，需要请一天假，担心不能在规定日期内完成报表。让叶子帮忙把当月的数据先进行整理核对，这样她做报表时能节省时间。

叶子一听，顿时如芒刺背："对不起，李姐，我晚上约了同学聚会。再说，这也不是我的工作啊。"

叶子说的也没什么错，入职后领导只是安排叶子一直跟着出纳学习，李姐是会计，并不是叶子的师父。

李姐被如此直接地拒绝，虽然有着些许惊讶，但也没有说什么。

如果你是叶子，你会怎样做？你的内心戏又是怎样的？

李姐虽不是叶子的直属上司，也不是叶子的师父，但李姐是位经验丰富的财务人员，叶子以后也会被分配到其他岗位学习，李姐也一定会有更多的经验可以传授给她。李姐现在的帮忙请求，对于叶子来说，就是一个发展职场贵人的机会。

职场中需要有边界感，但不能用边界感束缚自己的成长。财务的各项工作本身也都是相互关联的，对于新人来说，不管是做哪一项工作，都是学习的过程。你要意识到自己目前的可用之处，无非就是时间和力气。不必给自己贴一个"只扫自家门前雪"的标签，因为你的"门"在哪还没有完全明确，如果把"职责"当作自己的"门"，那就注定被锁死在一个小职位上。

还是前面说的，要多争取做事的机会，主动去帮助前辈分担一些自己能做的工作。主动，体现出你的积极态度。分担的过程中你会得到前辈的经验指导，会有合作，会有更多的交流。前辈十几年甚至几十年的经验积累，会让你少走很多弯路，会给你的成长助力很多。何乐而不为？

所以，对职场中的前辈，尊重、协力、请教，都是职场新人的必备动作。

并肩前行的同事

很多人没有想到，看上去平平无奇的同事，甚至是一起入职的新人，其实也是自己的职场贵人。他们"贵"在哪里呢？没有权力，没有经验，没有资源，但是，同事们却是职场新人初入职场时不可或缺的"能量来源"。

任何人都会有能量不足的时候，特别是职场新人，工作压力大，进展不顺利，遇到挫折，这都是常有的事。在都是成年人的职场中，即便有了情绪，也不能随时无所顾忌地喜怒皆形于色。有人把这叫作"伪装"，其实，这只是身份带来的基本要求。我们不能找同事宣泄情绪，但是在一个共同的环境中，基于一些基本职场关系和职业共识，同事之间可以给彼此更多理性的能量。因为并肩战斗，因为荣辱与共，亲密同事所给予的能量，往往是"闺蜜""兄弟"所不能提供的。

小罗挨了老板骂，情绪低落，郁郁寡欢地坐在工位上。旁边工位的燕子看到了，吃午饭的时候，专门来叫小罗一起去。路上，燕子安慰说，其实，这次工作失误并不全是小罗一个人的错，或许这也是她的新人身份需要承担的。燕子还反馈说，前不久的一次小组会，老板还点名表扬了小罗做事认真呢。听了燕子的话，小罗下午就恢复了工作状态。

不仅是上司、前辈，和你同进同出的同行伙伴一样可以成为你的贵人。你们有同样的经历，更容易理解和接纳彼此，也更容易分担困惑和烦恼，给予能量和支持，你们就是彼此的贵人。

你可能要问，同事之间如何能够建立这样的亲密关系呢？也就是说，如何把同事变成自己的贵人呢？将欲取之，必先予之。需要同事带给自己能量，就需要先给予别人能量。这就需要关注身边的人，用心发现对方的优点，然后真诚地表达你的赞美。

赞美是一个奢侈品，因为真诚的赞美是一种能力，讲不好，就变成了虚伪的奉承，或是敷衍的维护。

你这件衣服真漂亮！

你好厉害哦，要是我做，连一半也赶不上！

你的人际关系太牛了！

这些本是发自内心的夸赞，说出来时却容易让人感觉气力不足，总是感觉特别假。你有遇到过类似的情况吗？

那该怎么做呢？我们要把握真诚赞美的四个要点：

1. 赞美能力，以工作中具体事情举例

职场上的赞美，最好与工作中的具体事情有关。

比如，同事的 PPT 做得特别亮眼，你当然要赞美，赞美之后还要找机会学习一下：

> 小林，你的 PPT 做得太好了，我都没见过这么精美的展示。这个链接是怎么做的？动画出现得太帅了。等有时间，你也教教我。

承认自己不会，不懂，抬高别人并不是贬低自己，而是给了自己一次学习的机会。

比如，一名销售人员在面对怒气冲冲的顾客投诉时，处理得非常圆满，让顾客心怀感恩地离开，你佩服得五体投地，这时就要将佩服的心情充分表达。客户走后，给同事斟上一杯茶：

> 今天我真是长见识了。顾客来时的架势都把我吓着了。为啥他那么大火气你都一直微笑听着？为啥明明不是我们的责任你都不争辩？感觉顾客的火气被你这气场给融化了呢？这气场，是我能学得来的吗？

这样的赞美，是不是听上去很舒服又不过分？透着佩服又有想学习的渴望。如果工作中我们看到有值得学习的地方，一

定先去赞美对方，一个正向而积极的肯定，会为你接下来的请教奠定良好的基石。

赞美能力的关键要点是以事说事，不能空泛地说"你能力真强""你很棒"之类的话。

2. 赞美细节，体现用心观察的真诚

赞美具体的事项时，如果能观察到细节之处，更是真诚的一种表现。

入冬之后，总务部给暴露在室外的门把手"穿上"毛线衣，以便让员工开门时不冰手；

一起同行去食堂的路上，有同事反馈：你们真细心啊，这回开门不冰手了！

总务部的小丹脸上漾满了笑。

会计小林给经理打印出一份表格，特意把字号调成四号字。

经理边看边说：是为我特意调的字号吧，这个字号我能看得清楚些。

小林没说什么，但自己的用心被看到，内心特知足。

真正能打动人的，不是惊天动地的大事，全是细枝末节的用心。

有同事帮你带了早餐，正是你喜欢吃的素馅包子；会议中的讨论，总有人在平衡维系着会场的氛围；开幕式现场，桌上标注了杯子摆放位置的小圆点；你无意说的某句话，有心人走

心了……工作中或生活中，有很多细节让我们感动，在感动中送上适时的赞美，就是对他人的付出最真诚的回馈。

赞美细节的关键是要用心，用心才会看见细节，针对细节的反馈才能体现你的用心。

3. 赞美内在，与对方自身认同点一致

"好看的皮囊千篇一律，有趣的灵魂万里挑一"。内在美被看到，被发现，将会引发人们的强烈共鸣，为人极大赋能。但赞美一个人的内在之前，你一定要了解对方是否也认同你要赞美的这一点，不然很容易弄巧成拙。

一位女性商业精英，生娃后不得已暂时退出职场回家相夫教子，她的厨艺也越来越精进了。

一次聊天中，有女友赞美她：

"你的厨艺不错啊，你老公真是有福呢，娶到你这么贤惠的妻子！"

听着他人的由衷赞美，却看到了被赞美者眼中的一丝落寞和无奈。厨艺，不是她认同的追求啊，她的战场不是厨房，而是商场。

如果你赞美她的智慧，赞美她在当下阶段分得清重心，暂时退出江湖的智慧，不仅会平抚她居家的不安，更会给她多一些重回职场的信心。

所以说，赞美内在，更要站在对方的角度，赞美她内心自

我认同的那个期待。

4．直接赞美，间接表达

职场上，很多时候，间接赞美的冲击力更强。

在一次工作的交流之后：

小罗说："高经理，您的穿衣风格在我们公司是一流的。看得出来，您太太的品位真高啊！"

高经理笑容满面："哪里，哪里，都是她买啥我穿啥。"

小罗再说："不仅品位高，还每天都帮您把衣物打理得干干净净的，您真是娶了个贤惠的太太。"

高经理低头看了看自己一尘不染的皮鞋，笑容绽了满脸："是挺好，就是太爱干净。"

估计那天下班，高经理要买束花感谢太太吧。

直接赞美，指的是表达形式；间接表达，指的是表达层次。更深的表达层次，往往会带来更好的赞美效果。

还有一种间接赞美，是通过第三方的表达来加持能量，让一份赞美起到 120 分的效果。

小罗最近的工作热情很高，收到了好几位同事的正反馈。

燕子对小罗说："上午开会，生产部的部长提到，你在上次与他们部门的工作协调中做得非常好，给了他们很大帮助。感觉你跟变了个人似的！"

这样的赞美更有能量，能让当事人直接感受到你的关注和真诚。

无论是赞美工作还是赞美穿搭，无论是直接赞美还是间接表达，都少不了最基本的原则，那就是：真诚。**没有真诚的赞美，只会带来虚假的附和。**

可能有人会问，如何会让自己变得更真诚呢？"没有任何一条路通往真诚，因为真诚本身就是道路。"这句话送给问话者最合适不过。也可能有人会问：不善言辞，爱在心头口难开，怎么办？如果你就是开不了赞美的口，那就用眼神、微笑去真诚地表达你的认可和赞赏。

只要你足够真诚，对方一定能够感受得到。美国心理学家威廉·詹姆斯说过："渴望被人赏识，是人最基本的天性。"

直属上司带来机会，前辈带来经验，同事带来能量，这些人都是新人的职场贵人。看到他们的价值，珍视与他们的"缘分"，才能让他们真正成为助力我们持续发展的贵人。

02
让行业大咖成为你的职场贵人 /

　　说到大咖，在你的头脑中，一定会浮现出不同的人物形象。

　　如果你在互联网行业，腾讯创始人马化腾，百度创始人李彦宏，都是很多人心目中的行业大咖；如果你在制造行业，华为的任正非，吉利的李书福，必然也都是行业大咖的代表；如果你关注知识付费领域，肯定知道得到的罗振宇、帆书的樊登、财经作家吴晓波，他们也都是知名大咖。影视、传媒、餐饮、营销、出版、文化……任何一个领域都有自己的大咖。

　　如果说到距离我们更近的，当你参加一次行业内的论坛讲座时，那位身边聚拢着很多人的名师；当你出席行业内的年度总结大会时，那位会前发表重要讲话的嘉宾；甚至在你自己的组织中，那些与外界有很多连接的前辈、领导，这些都可能是行业内的大咖人物。

这些大咖在自己的领域有着丰富的经验和深厚的专业素养，对行业有深入的理解和洞察力；他们有着广泛的人脉和资源，可以获得更为精准和前沿的信息；他们拥有超出组织限制的影响力和话语权，他们的言论和行为会对所属的行业产生重大的影响；同时，真正的大咖也具有高尚的职业操守和人格魅力，他们不仅是行业内的佼佼者，更是我们学习和效仿的榜样。

或许你会觉得大咖离自己太远，根本够不着，与其挖空心思去和不认识的大咖"扯上关系"，不如认真做自己的工作。其实，职场小白和行业大咖的连接，并不是势利地去拉关系，也不是没有价值地混个脸熟。而是在明确大咖的真正价值之后，通过客观理性的方式打开自己的职业发展升级之路。

那么，大咖对于职场小白的价值，到底在哪里？

为什么大咖是贵人？

大咖们拥有的资源显而易见，但他们对于职场新人的价值却不是那么容易找准。一般人会以为，大咖人脉甚广，随随便便的一个引荐，就可以让乌鸦变凤凰，帮助职场新人少奋斗十年。如果你这么想，那不仅得不到大咖的引荐，可能连和真正的牛人建立连接的机会都没有。听信"传奇故事"的背后，其实是对于捷径的向往，总想不经正途而跨越大多数人，这样的想法一定会忽略需要下功夫的事情，也就会忽略真正的机会。

对于职场小白们来说，行业大咖之所以是贵人，原因在于：

1. **大咖所提供的信息，是非常有价值的真知灼见。**这其中，公开发布和分享的信息，占到了八成。他们公开发表的论文、书籍，公开分享的演讲、课程、采访、直播，都是值得研究和学习的重要信息。这些信息往往跨越组织限制，不拘泥于一种具体的产品形式和组织形态。这其中，可能一两句话就会讲出行业本质，会帮助职场新人避开可能的风险，会指出未来发展的趋势和方向。这是大咖身上最容易获得，也最容易被忽略的价值。

2. **与大咖一起合作的机会。**很多人只知道大咖高高在上，却不知道大咖需要更多的合作者来一起工作。越是大咖，就越是会做一些大事，也会策划一些大事，这些大事绝非一人之力可以完成，需要团队，需要各方面人才。如果你认同大咖所做的事情，那么进入他们的团队就可以让你获得与大咖一起合作的机会。

3. **大咖会让你看到被隐藏的资源。**一些在初入职场人看来不好逾越的鸿沟，在行业大咖那里看来，或许就是转换视角之后的一个小困难；一些一般职场人看不到的机会，在行业大咖那里看来，或许恰好就是整合资源的绝好契机。相较于一般信息而言，这样的资源是更为直接具体的连接，对于自己来说，绝对是特别重要的资源，而对于大咖来说，这也不失为一个创造可能性的机会。

大咖对于我们来说如此重要，那么，是不是见了大咖就要冲上去呢？当然不是。有些人只是有知名度，是否是你的贵人，还需要慎重选择。

选择合适的大咖做贵人

现在的专家和大咖多得很，选择也需要智慧。不妨从两个维度考虑：

首先，你要对大咖有深入了解。**在任何一个领域，你都可以采用互相印证的方式来看一个人是否确有真才实学。**把领域内的专业书籍都买过来，把市面上方便学习的课程都听一遍，总结出他们的观点。俗话说，不怕不识货，就怕货比货。通过系统的学习，即便没有成为专家，你也很容易鉴别出有真才实学的专家大咖。至少，从个人视角，可以列出符合自己"口味"的大咖清单。这其中，既有理性判断，又有直觉感受。如果没有这样认真做功课的过程，即便将来连接上一些大咖，也很容易陷入观点冲突的矛盾之中。

其次，要关注大咖和你之间产生连接的可能性。也就是要看：**这些大咖，哪些人是愿意与人合作的，是愿意提携新人的。**每个人的性格不同，做事方式不同，发展方向不同，有些有成就的"大人物"清高孤僻或是忙于钻研，无心顾及对后辈的提携，当然更无心于不相识新人的托举。对于这样的大咖，即便形成了连接，也很难得到更进一步的支持。

有了这两个维度的考量，就有了需要连接的选项，接下来是否能连接得上，一方面看缘分，另一方面，还要看方法。

连接大咖的方法

如何以职场小白的身份与行业大咖产生连接？

小薇是一名保险行业的职员，年轻有为，刚刚被提拔为部门经理。上任后，小薇最大的压力就是感觉人脉资源不足。为拓展业务，小薇需要有更多企业客户，为学习提升，小薇需要有前辈指导，几番选择之后，小薇决定主动出击，试图与人力资源行业的大咖人物易总建立连接。

保险行业与人力资源行业有关联吗？表面上看没有直接联系。但人力资源行业掌握着众多企业资源，易总又是行业内呼风唤雨的人物，与企业负责人联系密切，同时也是一个非常平易近人的高价值连接者，利他心明显，愿意为他人提供帮助。

恰逢易总的人力资源公司主办一场高端论坛，小薇先是征得保险公司领导的同意后，主动向易总提出保险公司希望作为论坛的协办方，提供茶歇和饮品的支持，当然，还争取到了8分钟的业务介绍时间。

小薇的主动给易总留下深刻印象，以易总的格局胸怀也愿意为小薇这样的年轻人提供更多的帮助和支持。论坛之后，易总"顺便"给小薇介绍了几位企业负责人。

在易总的引领下，小薇进入了一个新的圈子。这里有企业负责人，有经验丰富的职场前辈。虽然大家最初是在易总的介绍下认识小薇，但小薇的谦逊和懂事也得到了多人的认可，于是就有了更多的连接和互动。

小薇对易总的追随并没有因为认识更多的人而有所改变，她积极参与易总组织的每一次讲座和活动，也会在关键时刻表达自己的感激，阶段性地向易总汇报自己的成长，也会在节日里给易总送上一份用心的小礼物。因为小薇与易总的连接，她所在的保险公司与易总的人力资源服务公司成了合作伙伴，小薇也因此成为两个公司间的重要连接者。

如何与认可的大咖连接，并让他们成为自己的贵人呢？我们需要做到循序渐进，在这里介绍一个重要的三步连接法：

第一步，建立初步连接，让对方"认识"你。

职场社交中，发个名片，加个微信的场合非常多，但并不是每次都可以和别人建立真正的连接。很多人都停留在对方"陌生的"朋友圈里，甚至哪怕做了名字备注，过段时间都想不起来对方是谁。如何才能让大咖"认识"你呢？

一个基本的方法，就能让大咖感知到你的价值。一个初入职场的年轻人，会对行业大咖有什么价值呢？专业的尊重，就是你可以带给大咖最重要的价值。

不管是参加会议、论坛，或是各类课程、交流会，在此之前，一定要提前做功课，对方的书、视频、课程，都要事前学习。只有这样，见面的时候，才可以提出高质量的问题，交谈的时候，也才会表达出不仅真诚而且专业度高的赞美。

还有一种表达专业尊重的方式，就是成为对方的学生。很多大咖会开设"私房课"或者游学之类的高端课程，这样的课程往往收费较高，参加人数较少。参加这样的课程，本身就意味着你对于这位大咖的强烈认同。

第二步，保持连接，维护关系。

节日表达心意，及时汇报成长，定期拜访请教。这样做的目的，绝非期待大咖能够提供一种"直接发达"的资源或"快速赚钱"的机会，而只是因为尊重和仰慕，和大咖保持连接而已。否则，就会急功近利地把原本建立在情感之上的关系降格为利益的交换。

在职场上，最不缺的就是利益价值交换的关系，对于职场新人来说，其实也没有什么太多可以交换的价值。但是，因真诚尊敬而产生的关系，却可以让你停留在大咖的视野圈里。

就像前面案例中的小薇一样阶段性地汇报自己的成长，持续地跟随，经常在节日里给易总送一份用心的小礼物，让自己笃定成长的同时也给易总提供了一种提携后辈的价值感。

第三步，创造合作的机会。

与大咖合作的机会就在"需要帮忙的事情"中。身为大咖，一定意味着有很多大事要做，视野越大，格局越高，能力越强，要做的事就会越多。他们身边不缺人，但是缺真诚投入做事，不计回报的人。如果只是一般员工，看报酬做工作，他们可以通过招聘来实现。但是，经由尊敬和仰慕连接起来的关系，还有一层"晚辈""学生"的情分，做起事来是会更加投入的。此时，机会就来了。

帮大咖做项目，组织社群，维护运营，撰写书稿……反正，擅长什么就做什么。如果还没有开发出自己的优势，对于职场新人来说，此时就更没有什么值得顾虑的了，有什么就做什么，把做事当成训练自己、提升能力的机会。不经意之中，合作的状态就形成了。

当然，这些合作也都是建立在前面对大咖的选择之上：无论是他们的专业水平还是心胸格局，或者人格人品都需要是你值得尊敬的。

这里有一个特别的提醒：如果你有幸得到大咖的垂青，切不可沾沾自喜，以为自己可以与大咖比肩，要去讨价还价，邀功请赏。其实，**对于职场新人来说，你获得的最大价值是机会，是未来更多成长的可能。**

大咖究竟是一个怎样的存在？他们并不神秘，也并不遥远。在他们身上，有你希望看到的未来；回顾他们的成长历程，可以找到让你坚定的追求；他们的成功，或许会给正在经历困难的你些许启发；他们的鼓励和认可，会成为激发你追寻梦想的能量。

让大咖成为职业发展过程中的贵人，是职场新人进行圈层突破的一条必经之路。连接大咖，不仅仅是多了一个职场贵人，更重要的是，打开了视野，磨练了心性，打下了为人成事的基础，开辟了职业发展的新路径。

03

甲方、乙方，
都可以成为你的职场贵人

谁是谁的客户

关于"谁是谁的客户"这个问题，并没有可以遵循的明确规定。但通常来说，我们把提出目标和需求的一方，或者说出资方称为甲方。把为实现目标、满足对方需求，并获取收益的一方称为乙方。我们也通常把甲方称为客户方。

在职场上，一旦明确了甲方、乙方，双方的关系就自然确定。如果初入职场的你还不太清楚，我来列举几个现象，你就明白了：

给公司送打印纸的小张，气喘吁吁扛着两箱纸上楼，你慢条斯理地指示他放在哪里，全然没有那种上前帮一把的想法。在这里，小张代表了乙方，你代表了甲方。

接到保险公司打来的电话，咨询公司是否有团险需求，你一句"不需要"就把电话挂断，不用太多客气，也不用在乎对方感受。在这里，保险公司想要成为你们公司的乙方。

诸如此类，都是甲方角色的日常，似乎很理所应当，因为甲方是出资的客户嘛。

再来看看，乙方角色的一天是如何度过的：

一上班先给甲方问候早上好："阳光正好，微风不燥，祝您开启美好的一天。"拜访客户，穿西装打领带，提前十分钟到场，材料准备一应俱全，全程微笑，生怕一个疏忽惹得甲方不开心。方案要改，没关系；价格要低，能商量；创意要新，没问题。只要能签单，甲方的要求你都想答应。

听上去就有那么一点不平等吧？甲方一派趾高气扬，乙方一副俯首称臣。没有人规定甲方与乙方的相处模式，但很多人却对这样的风格习以为常：谁出钱，谁是爷。

如果只是这么认识，就不只是格局不够高的问题了。

我们要认识到：不管甲方、乙方，从完成一件事的角度来说，双方的目标是一致的。从过程来说，双方应是互相合作、互相支持的。

小赵是公司的网络工程师，刚入职半年。赶上集团公司准备全面升级网络设备，目前正好处于各家网络设备商在投标比价测试设备的阶段。小赵负责网络设备的日常维护，自然就少不了和各个公司的工程师打交道。和老同事不一样，小赵从不刁难这些"乙方"的工程师，尽量提供测试设备的各种方便，即便是节假日，小赵也毫无怨言地来值班。设备测试完成，投标也结束了，最终公司与一家设备性能不俗的设备供应商签订了合同。

在项目执行的整个过程中，除了开门，盯设备，看数据，小赵似乎也没有做太多工作，没有参与商讨方案的机会。对于整个项目订单，人微言轻的他，更是说不上话。可是，直接对接设备测试的工程师们却都对小赵印象很好。三年后，小赵准备跳槽，刚在朋友圈表达自己的想法，就立刻有一些工程师同行递来橄榄枝，向他提供自己公司的就职机会。于是，很顺利地，小赵在一个月之内就完成了自己的职业转型。

在这个案例中，对小赵来说，他并没有预料到未来会有人在自己求职的时候这么帮忙，所以也没有刻意去做些什么拉拢关系。但是，正是因为他不端着甲方的架子，而是瞄准了双方的共同目标，以合作的心态支持对方，才赢得了对方的赞赏。机会，自然就出现了。

个人在职场合同关系上的位置

不管是甲方还是乙方，这都是从公司组织合作的角度来说的，作为个人，在合同中，都是一个执行者。从这个角度来说，一方面要注意站对立场，从本公司的角度出发，维护组织利益；另一方面，不要搞错了态度，不要因为是甲方就高高在上，也不要因为是乙方，就无原则讨好。

站对立场，这是个基本原则，不管是有决策权的管理者，还是确保利益的执行者，都要站在组织的角度，维护组织的利益。这一点自不必说。

而职场新人需要关注的是，自己的合作态度。

A公司的宿舍楼外墙需要整体修缮。经过多轮竞标后，C公司中了标。在这项合作中，A公司是甲方，C公司是乙方。双方共同的目标是在雨季到来之前完成宿舍楼外墙的整体修缮。

工程开始之后，C公司遇到了诸多问题：A公司的工程负责人无法提供建筑图纸，严格限制每日的开工和停工时间，对现场施工人员吹毛求疵，稍有不满就呼来喝去，可以说是各种刁难。C公司无法正常开展施工，工程负责人一纸投诉，交给了A公司的总经理。

在甲方、乙方的合作中，甲方员工表现出高高在上姿态的不在少数。确实，甲方是出资方，有时候，甲方还拥有更多的资源和更强的实力，或是拥有丰富的经验和专业知识，或者较高的声誉和知名度等，这些都是甲方的优势资源。然而，这只是甲方拥有的资源，并不是甲方员工的资源。如果甲方的工作人员误以为这些资源都是自己的，难免产生高高在上的心理，从而表现出盛气凌人的言行，不仅没有促进目标达成，反倒会造成不良影响。

同样，合作中的乙方如果只是为了尽快完成项目，拿到合同款，这也不是合作的正确态度。甚至有些乙方员工本着多一事不如少一事的态度草草完成工作，不做必要提醒，留下隐患，这样做不仅会给公司带来利益和口碑的损失，自己也会因此给同行留下"不专业"的印象。

其实，不管是甲方，还是乙方，都是商业链条上的一环，从另一个角度来说，也是同行，即便做的不是同样的业务，也都是上下游的关系。从具体职业的角度来看，更是风水轮流转，谁也不知道自己将来是否会在跳槽、转行的过程中遇到机会，也不知道自己的职业表现会给"同行们"留下什么印象，产生什么影响。

那具体该怎么做呢？

如何把甲方客户变成你的贵人？

如果你是乙方，如何把你的客户，也就是甲方变成你的贵人呢？把握以下两点：**极致交付，态度诚恳**。

所谓极致交付，就是从对方利益出发，充分考虑到对方的诉求，不仅按照合同或承诺的要求完成规定的任务或服务，还**超越客户或用户期待，提供更加优质、贴心的交付体验**。这样的极致交付，不仅关注产品质量和数量达标，更会关注细节和用户体验。所谓态度诚恳，就是指充分尊重甲方的意见，保持积极的沟通和开放的态度。

极致交付和态度诚恳，往往是统一的。

设计师王明接到一个为甲方设计品牌形象的任务。在设计之初，王明主动与甲方沟通，了解对方的需求和期望，在行业内进行了广泛的调研，并向甲方提供了市场分析报告。设计过程中，不断反馈进展情况，并解决对方的疑虑，反复修改，提供了几个方案备选。最后确定时，也尊重对方决定，积极沟通，并在完成设计之后，提供了周边产品的一体化设计，进行了内部培训，帮助甲方顺利完成了品牌形象的升级。

对于设计师王明来说，他可能要为最后的交付多做很多超出基本约定的工作，但是为了实现客户满意的最终目标，这些工作都成了必做的事。

极致交付，态度诚恳，可以把客户变成自己的贵人。至少，会在合作的过程中，他们给予你配合的方便。其次，因为你体现出来的专业、敬业和用心，也会让客户发自内心地为你介绍更多的业务。抛开更多合作机会不说，或许你会因为自己的表现而获得更多的可能性。

如何把乙方变成你的贵人？

如果你是甲方，如何把乙方变成你的贵人呢？把握以下两点：**与人方便，向人请教。**

与人方便，是指作为提供资源、提出需求的甲方，尽可能给对方提供方便，配合乙方把工作做好，及时交付。作为具体工作的对接人，这不仅仅可以推动工作顺利完成，而且因为表现出的合作姿态，也自然会使你本人获得对方的认可。

张晓佳是一家制造公司人力资源部的员工，参与到了公司的人力资源管理系统升级项目中去。负责系统升级的乙方，是一家信息系统服务科技公司。为了方便乙方工作，张晓佳根据领导安排，向乙方提供了公司的组织结构、员工信息、薪酬数据等详细信息，以帮助他们更好地了解公司的需求和业务流程。

项目进程中，遇到了困难，张晓佳帮助乙方申请公司会议室，进行昼夜攻坚。并且，她不辞辛苦，主动在周末加班，配合乙方完成关键信息的收集。

最终，这个项目成功地完成了，公司的人力资源管理系统得到了升级，员工的工作效率和管理效率都得到了提高。张晓佳获得了乙方的高度赞誉，这样的评价也让她的领导知道了，她因此获得了"年度最佳员工"的荣誉。

与人方便的张晓佳，支持了别人，也成就了自己。她帮助的人，就是她的职场贵人。

向人请教，是指向乙方学习。凡是交给乙方的工作，要么是因为不在甲方的业务范围，资源不足，要么是因为在某些方面甲方不够专业，或者完成起来成本过高。这时候，作为职场新人就可以借合作的机会向乙方请教，以拓宽自己的视野，提升专业度，为未来发展的可能性做准备。

黄大鹏是一家科技公司的软件工程师，入职不久。在公司的一个咨询项目中，负责和乙方对接。乙方是一家提供咨询服务的小公司。

在项目开展期间，黄大鹏发现乙方代表王工在数据分析方面具备非常专业的知识和经验。于是，他主动与王工沟通，表达了自己对于数据分析方面能力提升的渴望。王工也很乐意分享自己的知识和经验，帮助黄大鹏提升技能，同时，也拓展了他的职业网络和知识储备。

在项目结束后，黄大鹏还一直和王工保持着联系，建立起了工作之外的朋友关系。几年后，王工创业，黄大鹏成了他的合伙人。

职场上，可以请教的人不多，乙方是一种特别重要的资源。聪明人会把乙方变成自己的贵人。

不管是甲方还是乙方，我们要关注的，都应该是关系的本质：一起合作，达成目标。如果说在工作中，为合作方提供方便，积极配合，全力支持，极致交付，是出色的职场人一定会做到的事情。那么，诚恳的态度和谦虚的请教就是一种更为开放的职业状态，也是一种做事的格局。这样的状态一定会吸

引合作方来帮助你、支持你，给你更多资源和机会，成为你的
贵人。

　　职场新人不仅要看到职业身份的优势，还要看到可以借助
优势发展的机会；不仅要看到职业身份的责任，还要看到超越
责任的加分项。当视野和格局打开，你就会更认真、更热心地
做事，因为在你眼里，处处都有贵人。

04
与职场贵人怎么连接才恰当 /

职场贵人，是那些能给我们带来信息，带来机会，带来资源的人，也是那些可以给我们指导，提携我们成长，带我们少走弯路的人。职场贵人能带来超出我们自己能力所及范围的可能性，以帮助我们获得职业发展的跃迁。

职场贵人有时自带光环，很容易识别，比如行业大咖、资深同事、手握权力的领导；有时深藏不露，需要慢慢接触，细细琢磨，比如职场前辈、乙方同行、合作的同事。

识别职场贵人是一回事，把他们真正发展为可以支持自己的贵人，是另一回事。只有和这些职场贵人产生了真正的连接，才算接通了高能量渠道。有时候，也只有产生了真正连接，才能识别贵人。

与职场贵人的连接，可不是简单地递张名片，加个微信，或者送上一份小礼物就可以搞定的。名片可能转眼就丢掉了，大咖的几千个微信好友里有很多他可能也都不认识，即便是精心准备能带来惊喜的礼物，他可能过几天也忘记是谁送的了。这些方式之所以不奏效，因为这些都是浅连接。

然而，如果你认为和职场贵人的连接一定需要裙带关系，需要经由大人物介绍，或者送上大礼，需要有利益交换，才算是深连接，那又错了。一般来说，对你算是贵人的人，可能不需要和你有什么利益价值的交换，因为资源并不对等。对于职场新人来说，即便你倾尽所有，也很难有进行直接交换的筹码。

于是，对于一些职场新人来说，如何与职场贵人产生恰当的连接，就是进入职场之后必做的功课了。

开放空间中，存在着连接职场贵人的最大可能

不要以为连接职场贵人就必须经由私密的方式，一定需要高人引荐，或者期待一个被人关注的意外机会。其实对于普通人而言，我们既没有途径找到这样的机会，也没有必要挖空心思这么做。并不是不可以，而是成本太高，概率太小。

连接职场贵人的最可能的机会，在开放空间。比如，培训课堂上，行业会议上，具体的项目之中。

之所以说连接职场贵人的机会在开放空间，是由他们在这些环境中的角色所决定的。比如，培训课上，或者行业会议和论坛上，你的职场贵人在课上的角色要么是培训老师，要么是和你一样的学习者。在学习的环境，不像商务环境，不需要进

行直接的利益交换。一个请教，一次探讨，一次联络，都是再正常不过的连接了。

更何况，这些职场贵人往往不是爱学习，就是爱分享，或者兼而有之。所以，不妨寻找那些行业内的专业性高的培训会议，或者寻找你希望连接的职场贵人，看他们可能会开什么课。

小洁是公司里负责培训的 HR，在制订公司年度培训计划的时候，她不是简单地照搬之前的培训计划，而是专门查阅了与公司目标一致的相关培训情况，还专门抽时间自费参加了一些老师的公开课，最终制订出一份自己认可的培训计划。在组织培训的过程中，她积极与培训老师联系，并与一些老师一直保持着较好的业务往来。后来，在几次面临职业选择的关键期，小洁都得到了这些老师们的帮助。

不仅在培训过程中，在共同工作的环境下，也更容易和职场贵人产生连接。比如，组织内一些有挑战性的项目，行业内一些有难度的课题，这些项目、课题的主持人往往都是有影响力、有资源、有能力的人，如果你参与其中，就有可能与他们产生连接，让他们成为你的职场贵人。

有人可能会觉得，这样的连接好像很简单啊，是不是大家都会去做？不尽然。正是因为这是开放空间下的机会，反倒不容易抓住。

有些人不重视开放空间下连接职场贵人的机会，往往是被角色所困。很多人会觉得，我就是一个"学习者"，所以，只听老师讲。却没有想到，职场上更多要学习的，不仅是知识，还要学思维；不仅是要向"讲台上的老师"学，还要向包括讲台下的老师、周围的同学在内的人们学。或者，我就是一个项目参与者，让我做什么，我就做什么，完成任务即可。却没有想到，可以通过参与项目的机会去连接高手。**如果困在了角色里，就会失去这些机会。**

有些人倒是表面重视这些机会，但又跑偏了，总是抱着要和对方产生联系的想法，却脱离了本来所处的空间，没有关注学习，没有关注项目。给人的感觉，我就是来混圈子的。这样的人很容易被看穿，即便要到联系方式，也很难获得进一步连接的机会。

由此可知，正确地关注开放空间下的连接，是每一个职场人连接到职场贵人的最重要方式。

主动表现，就展示出了自己的价值

找到开放空间，就找到了连接职场贵人的机会。那接下来呢？如何与之连接上呢？我们都知道：在职场上一定要展示出自己的价值，你对于对方有价值了，别人才愿意与你建立连接。特别是对于和职场贵人的连接，我们已经看到了对方的价值，那么，接下来的问题就是：如何让对方看到我们的价值？

有人可能会觉得困惑：这可不太容易，除了埋头做事，积累自己的成绩，展示自己的成果，好像也没有什么可以展示的。当然，用成果证明价值，这是一种显而易见的方法。但是这个方法周期长，见效慢。有这样想法的人，往往还是停留在学生思维里，期待通过"憋大招"来证明自己。但是与学校不同的是，职场上可不像学校一样，有那么多证明自己的机会。学校每学期有期末考、期中考，有季度考，有月考，如果用心努力，可以很快得到证明自己的机会。而在职场上，机会本身就很难得。

这么一来，通过展示成果的方式来展示价值，就很容易走入死循环了。其实，这个方法之所以不太奏效，其原因还是隐藏在背后的被动思维：我是鲜花，我自开放，我自香，自然就有赏花人。我把这种叫作"卖花"逻辑。职场上是另外一种**"养花"逻辑：不要等鲜花盛开再去找买主，而是在还是种子的时候，就把自己"卖"出去，然后和买主一起把花养大。**

那么，种子怎么卖呢？这就需要**向职场贵人主动展示自己的"态度价值"。**

对于职场贵人来说，态度也是有价值的。我们所说的态度，指的是主动的态度。这里的主动态度，并不是溜须拍马，不是显示自己多么能干，多么辛苦。在职场系统之中，超出了自己角色的行为，往往会带来意想不到的打击。真正的主动态度，不是阳奉阴违的"阴谋"，而是光明正大的"阳谋"，是一种真正的积极主动：主动表明，作为局中人，作为成员之一，自己愿意参与到对方所主导的"局"中一起来玩。这样的态度，对于攒局人、主持者来说，无异于雪中送炭。

我们不妨换位思考，作为培训师，是不是希望课堂培训效果好？这就需要有学员主动合作。如果，此时你可以认真听讲，眼神交流，积极回答问题，下课虚心请教，那不是就和培训老师连接上了吗？

再换位思考，作为领导，是不是希望总能带领团队完成艰巨任务？这就需要有员工主动请缨。如果，你此时可以既量力而行，又能摆脱面子束缚，既能理解工作意义，又能勇敢担当，承担可能的风险。这样做，在领导那里，这一次不就能连接上了吗？

我们来继续换位思考，作为管理者，是不是希望团队的工作总能在掌控之中？这就需要有人主动反馈。如果接受了工作的你可以在每一个工作节点及时得体地向管理者汇报工作进度，请示进一步的工作指示，让管理者感受到对于工作的掌控，在管理者那里，你不也就成为一个比一般人更靠谱的员工了吗？

对于这些有资源，有机会，有权力，有经验的职场贵人来说，他们所需要的，正是职场新人这种主动表现的态度，如果你能把这些价值提供出来。那么，连接就能够建立起来了。

主动求助，让对方感受到价值

只有双向的连接才会稳妥可靠。主动表现，是在展示自己的价值。那么，你的职场贵人就知道了，如果有机会，会给你留着，如果有资源，会向你倾斜。因为，你有价值，他们需要你一起创造更大成就。这样，虽然彼此支持的力度还不对等，但也能形成一种互相支持的关系。

这时候，可以给这样的关系增加一种连接，增强"职场贵人"的角色意识，让他们更有价值感。增加连接的方式是：主动求助。职场贵人并不是不知道自己有价值，但是在你求助的过程中，他会感知到自己的具体价值。久而久之，这样的连接就会更紧密。

然而，主动求助也是有门道的，并不是遇到困难动不动就去求助，那样的话，只是在给对方"添麻烦"。

让对方感受到价值的主动求助方式是：

第一种，汇报工作进展的时候，请求对方指出未来方向。这种求助的关键在于，**求助的是尚未发生的事情**。如果困难已经在眼前了，这时候的求助，就变成了求援，需要对方从资源上施以援手。不管是否必要，都是需要对方释放更多资源的。对未来的求助，可以在汇报工作进展的时候，以请教的口吻，请对方以有经验的过来人身份对自己进行指导，指出项目进行下去的话，还会出现什么风险，需要做些什么准备。此时，职场贵人们往往是很乐意为之的，因为相对于执行者、指挥者、调度者，他们更愿意做指导者。

第二种，汇报工作结果的时候，请求对方给予评价。这种求助的关键在于，对已经发生的事情进行评价，这样的评价可以为自己指引未来。汇报工作结果的时候，如果已经进行了全面的总结呈现。最后说，这件工作做完了，可以表示特别期待领导给予中肯的评价和指导，看看自己做得到底如何，是否达到了领导的期待，接下来，可以提高的地方有哪些。在请求对自己的评价的时候，你已经通过谦虚的态度摆正了自己的位置，只要对方愿意表达，不管之前做得好坏，评价高低，此时，你都会是受益者。

第三种，汇报成长的时候，请求对方多给一些指导。汇报成长和汇报工作不同，没有一个固定的节点，此时的关键点是：不要把汇报成长变成一种表面形式，不要借机拉近关系，而是真诚地求助指导。让职场贵人成为贵人的一个重要方式，就是向对方求助成长问题。否则，如果只是一味地求助于工作和业绩的话，关系就变成了上下级。一旦有了对于成长的关注，对方就会成为"老师"，就会关注如何给你的成长赋能，并在提供指导的同时，指明发展的可能性。

以上连接方式，并不是小心机，而是回归到与职场贵人的关系本质：**赢得支持，不负所望。**

与职场贵人的连接，从表面上看，是人情世故的练达。其实，是在认清自己的位置之后，开始识别周围的资源，并学会与资源共处，明晰职场关系的本质，把握职业发展的规律，顺势而为，创造共赢的职场生态。

05

向上管理，
拉近与职场贵人的关系

在职场上，向上管理是一个常见的话题。对于一个刚入职不久的新人来说，可能会觉得向上管理很陌生。自己只是被管理的，难道还要向上管理？我能管理谁呢？要怎么管理呢？

一般的向上管理，主要指的是职场中，下属通过恰当的沟通管理上级的期待，赢得信任，争取支持和理解，以实现工作目标和获得职业发展。然而，如果能看到向上管理的本质，对"上下级"关系做一个拓展，就会发现，向上管理不仅发生在上下级之间，职场新人对于包括组织内的前辈、同行中的大咖在内的所有能带来机会、助力成长的职场贵人，都需要用心去经营管理。

从本质上看，向上管理发生在看似资源不平等的双方关系中，下级通过向上管理来得到更多授权，更大空间，更多理解，更多支持。从这个角度来看，似乎需要下级多做沟通，让上级更理解自己的困难、处境，争取更多资源和更加宽松的标准。其实，这只是向上管理的一个方面，在现实职场中，比让上级理解自己更重要的是，首先要理解他们。

下面列举几种常见的职场困境，帮助你拨开向上管理的面纱。

1. 领导说"你来安排"，你该如何安排

蒋小平初入职场时是一名文员，事事都向领导请示。

比如，原本计划要召开的会议，她会去问领导："领导，几点钟开会呢？"比如，给领导订出差的机票，又会去问领导："给您订靠窗还是过道的位置？"领导也有点不耐烦，怎么事事都请示？最后一般都会甩来一句："你安排吧。"

我安排？你的事我怎么安排呢？蒋小平真是一脸懵，完全搞不懂领导是什么意思。

"你来安排"，可以当作是领导给你一次向上管理的机会，也是一次考验。

你可以安排领导的会议时间，安排领导的旅途计划，安排领导的食宿，甚至安排领导与其他人之间的见与不见。可是，当你拥有这个"权力"时，当真知道如何安排吗？

"你来安排"的前提是领导对你的信任，你对领导的用心。

安排会议时间时，首先需要明确这个会议对领导的重要性。还有其他领导参加的会议，一定要提前协调好各方时间，要先提出几个备选时间让各位领导选择，最后把会议时间确定

在大家共同选择的时间上。如果只是部门领导参加的会议，那你要根据议程长短来定时间。简单短时的会议，选择在领导的空闲时段即可；耗时较长的会议，就要安排半天或一天的时间，以便领导在会前会后时间充沛，并提前与领导做好预约。

如果需要安排领导的食住行，那就需要平时的细心用心，这也是行政人员应具备的基本素养。了解领导出行、饮食的禁忌和喜好，要先了解禁忌，避免掉坑，再了解喜好，尽可能做到锦上添花。如果领导不吸烟，订酒店时就要指定无烟房；如果领导习惯于只乘南航、国航的航班，那你就不要选择其他航空公司的；如果领导倾心于川湘麻辣，你不妨多留意一些相关口味的好评菜馆。这不是什么溜须拍马，而是基本的职业素养，既然让你来安排，你就要安排得妥妥贴贴，符合原则规范，符合领导心意。

如果你还有机会安排领导的其他事项，那就更得能体察领导心思。比如，有个领导不想见的客户约见，你可以在此时间为领导安排其他活动，让"不见"合情合理。比如，领导很重视团建活动，那你就在团建活动之后安排领导总结，把气氛推向高点。

由此可见，但凡由"你来安排"的事，一定是上级愿意交付一部分信任，给你一定的权力空间。同时也是一种考验，一种对于工作能力的考验，看你是否可以用好这点权力。此时，一定要绝对用心，同时又要用心于无形，没有刻意痕迹。

职场新人能够听到"你来安排"这句话时，意味着一个机会的到来。切记不要不假思索就开始行动。把要安排的事当作一个项目，有方案有行动，争取完成一次完美的安排。"你来安排"的结果，是领导给你提供下一次安排的机会，是领导同意你继续向上管理的信号。

2．大咖送的礼物，你会接吗

再说一个对职场贵人向上管理的故事，这次发生互动的双方之间不再是职场上下级关系了。

林然是在一次学校组织的生涯规划培训中认识邱老师的，他对邱老师的观点非常认同。之后但凡有邱老师的讲座、直播、课程，林然是每场必到，并且每次都会把自己听课后的感受反馈给邱老师。每逢节日，林然还会给老师送一份小礼物表示感谢。邱老师也因这个"小追随者"的积极反馈，内心多一份满足。

樱桃成熟的季节，林然收到了邱老师的微信：小林，给我个地址，我给你寄点家乡的樱桃。

林然真的是受宠若惊啊，"老师怎么会给我寄礼物？我收还是不收？我是应该按价给钱，还是委婉拒绝？或者，我应该马上回礼？"一箱樱桃，真是让林然纠结得不轻。

其实，林然的纠结很容易理解：担心受不起礼物，不知如何回报。所以，从礼物所折射出来的是对于职场贵人示好的向上管理。大咖老师给你送礼物，这不是明显示好的橄榄枝吗？怎能不接，怎可不接？如果拒绝了，不管用多么委婉的方式拒绝，都不是在拒绝礼物，而是在拒绝一种关系。对于如此认可的老师，未来你还会持续追随，与之靠近求之不得，怎能拒绝呢？

与领导之间的上下级关系，或是与师长之间的师生关系，如果能走到礼尚往来的程度，说明你获得了对方更多的信任。这样的信任不只是基于工作能力，还有有关人情世故的更进一步的发展。领导也好，老师也罢，绝不会跟每个人都有往来，只要不是可能会涉嫌贿赂的特殊职位，人际之间情感化的礼尚往来非常重要，这是一份很难得的情感流动。

当然有人可能会纠结自己无以为报，特别是有些人会用金钱价值来衡量如何"还礼"。这不是接受礼物应有的心态，要看到的是：**礼尚往来的本质，不是礼物在金钱价值上的对等，而是情感上的交流。**你也有家乡特产吧？你也会到外地城市旅游吧？你也会看到了某本非常好的书想要分享吧？这些都是你可以持续进行情感连接的媒介，只要走心，就会被感应到。

当然，情感交流只是职场关系的必要补充。你还要看到自己的职业价值，至少，要让这位职场贵人认为你是孺子可教。你除了表示感谢，就是恭敬收下礼物，并且品尝之后给老师一个美美的反馈，并借机加强沟通，汇报成长，这就是一个良好的开端。

3. 老板"刁难"你，怎么办

小米是一家广告公司的员工，主要工作是负责一些视频广告的拍摄。他近期遇到了一个特别棘手的项目：客户是一家很有名的地产公司，准备将一些别墅样板间开发成短租民宿，请小米的公司拍摄广告宣传片。小米做了好几个样片提案，都没有通过内部审核，但老板又提不出专业具体的要求，只是说感觉不对。"感觉不对"，说出来很轻松，但让小米感觉老板像是在故意"刁难"自己。

后来，有一次加班，在吃夜宵的时候，小米和老板聊起来，才知道，前期沟通的时候，客户并没有给出明确要求，但是执行过程中的几个方案都被对方否了，老板也不知道哪里出了问题。由此看来，这并不是老板的"刁难"，而是他也遇到了难题。

问题到底出在哪里？这个对的感觉到底在哪里？

想找到感觉的小米仔细阅读了地产公司公众号中的所有带视频广告的文章，找出了几篇阅读量排在前面的文章，同时也整理了其他民宿广告的几种风格样式，在请示了老板后，决定带着这些资料与客户方的负责人进行深入交流。

经过几次交流，小米终于摸清了对方的想法，也明确了拍摄的风格要求。这一次，仅用了一周的时间，新作品就提交并顺利通过了。

在面对上级、大咖、专家这些职场贵人的时候，我们总会本能地以为一切都在对方的掌握之中。于是，会无意地忽略对方可能遇到的困难，而把这样的情况视为是对方刻意给我们设置的障碍。如果有了这样的假设，我们必然会心存芥蒂，带着情绪进行沟通和工作。此时，就有意无意地把对方放在了"对立面"，而不再是提携支持我们的职场贵人了。

不论是上下级还是甲方乙方关系，"刁难"的情况在职场上确有发生，但如果一开始的假设就是"刁难"，那就失去了对职场贵人向上管理的机会。我们不妨尝试了解，对方的期待和初衷，以及出现困难的原因。然后，掌握主动权，不等困难继续发展，主动帮助对方解决困难。这样，和职场贵人的关系，自然会得到提升。

如果把和职场贵人打交道的过程视为是向上管理的话，我们需要知道：每一次出现困境和难题的时候，都需要回到关系的本质上来，这样会减少很多纠结；都需要回到善意理解的方式上来，这样会减少很多误解；都需要回到自己的职业发展上来，这样才不会失去自主性和独特性。

06

设定边界，学会拒绝

想要在职场上发展得好，绝不是依靠一味的低姿态。对于职场新人来说，虽然缺少资源，但也不是什么资源都接；虽然需要谦逊开放，但也不是没有边界。

可以处理好边界的职场人，往往自带"吸引贵人"的气质。

两种边界

职场上的边界有两种：一种是身份边界，一种是职权边界。

身份边界容易理解，却不容易区分。一个人除了是职场上的财务、HR、销售、经理之外，还是家庭中的女儿、丈夫、妈妈、兄弟……同时还是一个下班后的健身者，周末出游的休闲者，晚上听课的学习者……这些身份角色之间，既相互独立，又有各种关联。

在办公室，难免聊聊儿女学习；午饭时间，或许也会吐槽家长里短；茶水间里，有人会八卦同事情感。这时候，身份边界非常模糊。但是，要注意了，模糊的边界并不是没有边界，各种身份一旦越界，受到损害的就是职场人身份了。

还有一类是职权边界，虽然工作职责分得清楚明白，但是总会有人出于好心，想要多做事；出于好奇，想要多打听；为了自己的工作进程，想要管理别人的工作内容；为了减少自己的焦虑，想要伸手帮助别人。职权越界，可能会带来更大、更直接的职场危机。对别人来说，可能会干扰到他们正常的工作职责；对自己来说，可能会背负本不该承担的工作。

没有边界感，就会"被"出局

小米自诩为社交达人，自来熟。跟谁都不见外。

她每天早上都看到同事阿美在小会议室看书。小米换好工作服就会到会议室找阿美聊天，看到阿美学英语，就问阿美为什么学英语，学到什么程度了，还暗自揣测地问："你是想跳槽吗？"

小米的工位离行政人员小赵的工位很近，没事就把椅子滑到小赵旁边，看看小赵在电脑上做什么。经常刨根问底："总经理要出差啊？你给他订的什么酒店？多少钱的标准啊？"

即便是一起在食堂用餐，看到同事吃得少，也会貌似关心地说："怎么吃这么少？你在减肥吗？你这种身材基础，光靠少吃可减不下来……"

最初同事们还是忍着不说啥，时间长了，都受不了她的过分热情和过多分析，能绕开就绕开，工作之外的聚会，都不再通知她了。

你的职场中或许也会遇到小米这样的同事，事事操心，从不拿自己当外人。本是属于自己的工作，总会分出一些让别人帮忙，似乎帮个忙是理所应当；对别人的工作也愿意指手画脚，总是要说出自己的建议；密切关注周边一切动向，哪位同事被领导批评了，哪位同事请假出去旅游了，领导之间谁和谁的关系更好等被他摸得一清二楚。

诸如此类的好奇、关心和羡慕，你以为只是好奇、关心和羡慕吗？对不起，在职场上你已经不自知地越界了。

缺少边界感不仅仅会影响到别人的工作，同样自己也不能专心于份内的事。最重要的是，会对自己的人际交往带来严重的负面影响。像这样没有边界感或边界模糊的种种表现，不仅会使你难以融入到团队之中，在工作中也会失去很多机会，很大程度上会阻碍你职业的发展。

对于职场新人来说，边界感则更为重要。

财务部的出纳小王，是个刚毕业的大学生。他工作非常积极，每天早早就到办公室打扫卫生，打好热水，在财务经理到来之前，给他沏上一杯茉莉花茶。

财务经理是一位四十多岁的大叔，有点邋遢、不修边幅。他的茶杯满是茶垢，怎么都洗不干净。问题也就出在这茶杯上。

周末逛街，小王给自己置办生活用品，正巧看到样式不错的茶杯，给自己买了一只卡通的，顺便给经理买了一只中规中矩的。周一一大早，用新茶杯给老经理泡了茶，准备等着他的夸奖呢，万万没想到，等来的是他严肃地质问："我的杯子呢？给我换回来。以后不要随便换我的东西。"

看着经理怒气冲冲的样子，小王又气又吓，气的是一片好心被经理误解为随便换他的东西；吓的是从来没见经理这样严肃，不知碰了他哪根筋。忙不迭换上脏兮兮的旧杯，为经理重新泡了茶。

小王就这么不经意地越界了。谁知道经理原来那只杯子有什么故事呢？谁又知道，新买的一只杯子，又让他产生了什么误会？这件事给刚刚开始工作的小王上了严肃的一课，原来，礼物也不是随便送的。你以为的一片好心，可能反倒会引起不必要的麻烦。

作为出纳，首先应该在工作上尽职尽责，把现金账目核对清楚，把各类票据粘贴规整，完成领导的各项工作指示；也可以早一点到办公室做些清扫整理的工作，给领导及其他同事一个清新的环境，能做到这样就完全可以了。不必再擅自更换领导的茶杯，这的确是超出了工作范畴，个人关系上又没有熟络到可以给人家换生活用品的程度，经理会发怒也是自然的了。

职场新人不必处处维护关系，力求360度无死角地赢得表扬。要明确工作范围，应该把关注点放在工作上。如果可能触及到他人的工作界限，要事先沟通，征得同意。从入职初期就做好"专业"保护，对未来的职业生涯发展是一个很好的起步。

设定职业边界，关注角色定位

设定职业边界，首先要从身份角色的定位说起。职场人的定位，不仅仅是要了解自己本职工作的职业范围，还要了解你的上级，你的同事。把他们的工作职责都梳理清楚，才能找好自己在这个网格中的位置，才会知道哪些可以做，哪些不能做，哪些不必做。

在工厂制订次年用水目标的讨论会上，大家各抒己见。小李也发表了自己的意见，提出了人员的增加、新厂房的增加等各种因素，小李认为用水的目标肯定得比去年增加。有理有据，自我感觉表达得不错。

最后老板的决定是：次年目标在今年实际用水量基础上再减2%。

不增反减？小李很不能理解。这时候，如果你是小李，是该继续争辩，还是默默服从？

作为一名新人，这时候要做的只有服从，只能想办法制订节约用水方案，想办法完成目标。道理很简单：你做好你的工作就好了，建议提了，数据给了，至于如何决策，那是领导的事。不要自以为这是"道德节操"的问题，要据理力争，努力说服。每一个决策背后，都还有大量你不知道的信息，一旦超出"提建议""做准备"的界限，你就越了界。

小赵在行政部门工作。重要客户的来访、老板的行程等都由他来安排。由小赵制定的工作安排只需要向行政部的部门经理汇报。但销售的张经理总是不经意地问小赵：老板什么时候回来？昨天下午是哪个公司领导来访？

小赵都是礼貌微笑，不作答。

在这里，小赵为自己的工作设定了边界，也严格地维护了自己的边界。

学会拒绝，也是一种成长

维护边界，就要学会拒绝。拒绝这件事，对有些人来说，并不是那么容易做到的。有些人从小就是"好学生"，习惯了"听话"。在学校，听老师的话，进入职场，也很自然地要听领导的话，听同事的话。不管愿不愿意，都会照做，一直在努力地各种学学学，天天加班也没有怨言，对工作没有要求只有付出。潜意识里，他们生怕被评为"不听话的坏学生"。

　　档案室的小雨就是"听话的学生"。她说话从来都是柔声细语，见谁都是低眉浅笑，这温柔的性格自然让人喜欢。但小雨的上司却也充分利用了小雨的性格，脏活累活都交给小雨，常常是无计划地安排小雨周末加班，小雨一直勤勉努力拼命让领导满意，当有升职机会时却与她无缘。但即便这样，小雨从不敢有半分抱怨，在领导面前依然惟命是从，卑微得快落到尘埃里。

　　这不禁引起我们的思考，"小雨们"在害怕什么？

　　或许，他们担心一旦拒绝别人，就会失去信任和认可；或许，他们担心因为拒绝而伤害别人的感情；或许，他们害怕因为自己的拒绝而得到对方的批评和伤害。但是，没想到的是，一味退让，没有了边界，好评、成就感、自由度、独立性，就都没有了，就会沦为别人借以实现自己目的的工具。

　　遇到赏识自己，给自己机会的上司、同事自然是一件幸事，如果没有也不必苦恼，想清楚你的工作是做事，是为自己工作，不是为某个人而工作。积淀自己的底气，锻炼自己的胆量，大胆表达内心所想，才是职场生存之道。

　　是否需要拒绝一件事，可以从以下几个角度来判断：

　　第一，这项工作是不是在你的职责范围之内。

　　如果是你的领导安排的工作，那没啥说的，在所有岗位职责内容的最后一条都写着：领导安排的其他事项。其他事项涵盖的方面太大了，所有直属领导安排的都可以划在职责范围之内。但如果是其他领导或同事安排的，你可以想想，是在你的职责范围内吗？如果你做了，会不会超出边界？你的直属领导会怎么想？会不会对其他人有影响？

第二，这项工作需要的资源是否在你可以掌控的范围内。

比如，8 小时才能完成的数据整理，临时交给你做，又要求 2 小时之内完成。比如，你根本不会使用制图软件，却让你用 Photoshop 画出新展区的平面图。这些都是你在规定时间内仅凭体力达不到的要求，一定要勇于拒绝。

第三，分析这项工作的重要紧急程度是否与现有工作冲突。

如果有冲突，要么申请重新排序，要么延缓，要么拒绝。如果自己可以协调好，当然最好，如果明明已经忙得不可开交，也不要硬扛着。接到领导交办的一个紧急事项的时候，完全可以大方地说："领导，我正在做 A 工作，这件事按计划要在下午完成。您看，现在需要怎么协调安排？"

第四，这件事是一件"正确"的事吗？

如果能够很明确地判断这不是一个正确指令，比如，违反法律法规的操作，比如影响团队和谐的事，你大可以将其判定为不合理要求，当然可以合理地拒绝了。即便这样做会冒着打入另册的风险，但在权衡利弊后，也必须拒绝。因为一些触犯底线的事，会直接断送你的职业生涯。

拒绝有术，看的是格局

是否拒绝，是一种判断，但如何拒绝，要讲究方法。坚定是原则，真诚是态度，委婉是格局。

我们看两个"高情商"的拒绝案例：

茉茉手头正在忙着准备第二天的会议资料，领导又要安排她翻译 10 多页的产品说明，并且希望两天之内完工。

如果是你，你怎么办？默默接受，到了节点，也拿不出结果？还是直接回怼："手头这么多工作，还让我翻译资料，难道我是有三头六臂吗？"当然都不合适。

茉茉说："领导，我正在准备明天的会议资料，就是明天您会议上要发表的资料，我需要将所有的数据再确认一遍，确保无误。这估计得下班才能完成。明天一天的时间都在会议中。这份产品说明的翻译，如果特别着急的话，我们找翻译公司来做？既能保证时间，又能保证准确性。"

这样，茉茉就把棘手的问题轻松化解了。

翔宇是新来的财务助理，财务经理要求他做一份明年的公司支出预算，翔宇根本就不知道如何去做。如果是你，肯定也不敢说："我一个新来的，我哪懂预算？经理你没事吧，这么重要的工作安排给我？"但是又该如何拒绝呢？

翔宇是这么说的："经理，公司的支出预算我真的不知道该怎么做。要不然您将今年的预算先给我讲讲，然后我再按照您的思路来做，可以吗？"

妥当地表达了困难，不失礼貌，还抓住了一次业务学习的机会。翔宇的拒绝，也是邀请。

这些都是常见的工作场景，资源不足，超出业务范围，公私不分，出现这些情况，都要学会拒绝。工作的合作中有顺利就有摩擦，有接受就有拒绝。必要的拒绝是为了工作的正常进行，但坦诚表达的同时再提出一个合理化的建议，对方可能更容易接受。得体的拒绝，既是自保，又不失风度；得体的拒绝，既保证了工作，又维护了关系。

那么，是不是凡事都可以"我的心情我作主，心情不爽就拒绝"呢？

领导让他加个班，他想的是：下班后时间归我自己所有，你无权支配。于是说："我的时间已经有安排了，无法加班。"同事请他帮忙复印点资料，他的内心戏是：都是同级怎么支使我呢？自己的事自己做呗。于是说："我这一堆事儿呢，你自己做吧。"公司年会演出，人事部门知道他有乐器表演特长，找到他问是否可以表演节目，他又想："你们搞活动我去表演，功劳都是你们的。"于是说："不行不行，我演不了。"

这时候，已经不是为了保护边界的拒绝了，而是拒绝了合作，拒绝了支持，拒绝了成长。

谈到边界的时候，有人会先想到一条横平竖直的线，认为边界就应该是黑白分明，非此即彼。其实不然。我们不妨把边界想象成保护河流的堤岸，河水蜿蜒向前，正是因为有了堤岸，才不至于泛滥，也不至于干涸。河水或深或浅，堤岸或高或低。河水或汹涌澎湃，或安静流淌，堤岸却如坚实的臂膀，守护着河水，也守护着两岸的良田和繁荣。

边界感，不仅是医院排队时的安全距离，不仅是银行柜台前的一米线，也不仅是尊重他人隐私、明确职权责任。边界感，更是一种善意，让对方感觉舒适自如的善意；是一种高度，"行有所止，言有所得，凡事有度"的做人高度；还是一种职业化的体现，而职业化的程度，决定着职场发展的速度和高度。

07
你是自己最重要的贵人

在职场中，一定有这样的人：

脸上永远洋溢着阳光自信，举手投足都带着职业范儿，看他接电话时总是不慌不忙，听他在会议上的发言总是有理有据，与你的目光交流带着真挚和温暖，甚至眉宇间都是一种十足的舒展。

在职场中，一定也有这样的人：

走路低头且溜着墙边，开会总是坐在后排的墙角，集体活动常常站在外围，从来不敢公开发言，开会时和领导即便是有目光的交流，也是蜻蜓点水般转瞬间就移开，差不多是透明无声的存在。

如果你是一位管理者，手里有一项重要的工作，你会将这项工作交给谁？

答案肯定是要交给前者，为什么？因为他展现出来的自信，让你觉得他值得信任。

自我效能理论的提出者、美国心理学家班杜拉曾这样定义自信心："自信心是个体对自己成功实现目标的能力的信念。"我们要知道，不管自信的来源如何，但是，**自信心是一种信念**，是一个人相信自己能达成某种目标或克服某种困难。自信的信念会呈现出积极的态度，可以推动一个人有更好的行动力、决策力，从而获得成功。

我接触过很多年轻人，他们说自己最大的问题就是不自信。诚然，对于刚出校门的职场新人来说，没有什么社会经验，面临一个不同于学校的陌生职场世界，未来的路还没有选好，昨天的成绩已经封存。刚刚赚钱只能维持自己温饱，赖以自豪的能力没有了用武之地，像是一个茫然的考生，拿着一张从来没见过的考卷，还不太清楚上面的符号代表什么意思就来应考。这时候缺乏自信，心里发虚，都很正常。

与此同时，我们又非常清楚，进入职场后，自信会让你有更好的工作表现，有更强的魅力展现，也会为你争取到更多的机会。那么，自信，从何而来？

首先，认识到自己所处的阶段，就不会让焦虑叠加。

从生涯发展的阶段性来看，一个职场新人处于人生中重要的角色转换期，要接触新环境，塑造新角色，建立新关系。哪怕不是脱胎换骨，也要"重新做人"。就像一株刚刚发芽的小苗，根基还不牢靠，也没有太多的资源可以依靠。新环境下，小苗需要扎根，需要经历风雨的洗礼，职场新人也需要逐渐调整、适应。

在这个阶段，主要的策略有两个，一是接纳，二是自立。

如果不能接纳自己目前在职场中有些笨拙甚至捉襟见肘的状态，就会对自己有指责、有否定，本质上是在否认当下的状态，希望回到原来让自己熟悉的环境中。这样的否定，会让自己产生内耗，让焦虑叠加。花了更多能量和自己打架，就腾不出工夫来摆脱笨拙，没有能量做真正需要适应的事情了。所以，接纳是对自己当下状态不做负面评价和打击。接纳是对现实的认可，但绝不是消极地"躺平"，而是在认可的前提下准备前行。

对于职场新人的阶段性适应来说，有一个特别关键的抓手：自立。一旦可以自立，就像化蝶蜕变，意味着塑造了新的角色，完成了生涯的重要转型。

有三个方面的自立：

第一是**经济上自立**。不管家境如何，不管上学的时候父母给自己多少生活费，那都不是"自食其力"。经济上不独立，就不会为自己的行为负责，就像没有剪断和父母连接的脐带，不会生成自己独立的循环系统。工作之后，不向父母伸手要钱，在自己的经济能力范围之内分配支出。看似是一种能力，其实是在塑造一种独立生活的意识。

上学时父母给你每月 3000 元的生活费，可能只是用在吃饭穿衣上，有时要买件贵的衣服，父母还会支援你。上班后，衣、食、住、行都要自己打理，工资 6000 元，精打细算还不一定够。要自己租房，自己交水电费，自己处理人情往来，自己管理自己的温饱。同事结婚得随个份子，参加婚礼还得置办一套像样的服装，一点点意外情况都会让你寅吃卯粮。这才是真正需要面对的生活。也只有这时候，辛苦的你，也才会有一种成就感：我能养活自己了。这是自信的起点。

第二是**决策上自立**。某种意义上讲，在学生阶段，谁出钱，谁就是自己人生的股东。即便是开明的父母，也可能会对他们不理解的事情指指点点。而现在，自己经济自立了，有些决策，就可以自己做了。比如，参加一个培训，安排一次旅行，开始兼职创业。

从学生角色过渡到职场人的角色，面对的不再是有标准答案的试卷，不再是一道题不会，赶紧问问老师或同学。对于工作中的问题，每个人都有自己的答案。即便提问了，也未必会获得解答。解答了，也未必适合你。决策自立，意味着开始学会在现实中探索，在反馈中调整，并且为每一步结果负责。

第三是**责任上自立**。做学生的时候，有父母呵护，有老师指导，有同学帮助，即便是做错了，还有反悔的空间，有重来的机会。但是，进入职场以后，需要为自己负责的时候，就没有"假设"了。决策做错，就要承担后果；方向选错，就要走弯路；发展不好，就要接受现实的暴击。

但自信也往往在这些看似带来压力的各种"自立"中产生

了，每一次决策，每一次为自己负责，你都在告诉自己："原来，我可以。"这时候，自信也就坚实地长起来了。

其次，认识到自己的优势，就会把自信建立在可靠的成就之上。

走出学校以后，我们之前赖以建立自信的优势往往不复存在。不管是考试成绩，还是才艺表现，不管是学生干部的管理经验，还是读书、写论文、做实验的经验，这些都不能直接运用于工作中，这也是我们缺乏自信的重要原因。当自立之后，一定要通过优势创造出新的成就，从而建立起新的自信。

小王一毕业就进入了一家初创公司担任市场专员。曾经，上大学的时候，他就是学生会的宣传部长。他认识到自己的优势，是具有良好的沟通能力和创造能力。他决定从这些优势出发，为公司创造价值。

有一场向意向客户展示公司产品的会议，需要市场部参与。小王主动提前和客户做了沟通，了解了对方的需求和期待，还提前收集了客户的企业背景。然后运用自己制作PPT的技能，把之前的公司产品介绍进行了一次重新设计。这一次展示，引起了客户的强烈兴趣，直接促成了客户成单，带来了大量的销售额。

小王获得了老板的认可和同事的称赞，还拿到了业务奖金，自然也就建立了自信。

当我们发现了优势的时候，就要找机会去做事，在一次次成绩中验证优势。优势得到验证，得到认可，自信自然也就建立起来了。而机会并不难找，不要总想着一鸣惊人，各种小事也都是发挥优势的机会。只要能被证明，优势就会积累，就会得到更多认可，也就会获得更大的机会。

职场上因为发挥了优势而获得机会的事例，比比皆是。对于老板和管理者而言，他们都期待着员工与所在岗位有最大化的匹配，让每个人都可以在自己的岗位上发挥自己的特长，进而提升工作效率及职业满意度。

当然，我们也需要有意识地管理自己的"职业口碑"，如果你想要让自己的优势得到重视和运用，就要有意识地在各种场合强调"我在这个方面还是比较有兴趣的""我特别擅长做这个""我特别愿意尝试这样的事情""这方面是我的优势"。说得多了，你就会成为同事在遇到类似工作时候自然跳出来的人选，机会也就多了。后续有了良好交付，得到了验证，成就就会累积，机会就会更多。由此，自信也会累积。

最后，认识到生涯的发展性，就会对未来充满期待。

自信，不仅仅是基于过去的成绩，也不仅仅是基于现在的优势。自信，还基于对未来发展趋势的判断。

职场新人要意识到，一般来说，生涯发展自有其规律。在经历了三两年的适应期之后，随着基本职业认知的积累，以及专业能力的提升，势必会进入一个快速的发展期。即便是在一些相对成熟的行业和领域，到了三十岁左右的时候，你也会在职场中成为中坚力量，发挥独当一面的作用。当我们相信这样的事情是一件大概率会发生的事情时，就不会对于当下的状态有更多的焦虑了，而是会转而关注如何迎接下一个阶段的快速发展。

这种因为相信未来而建立起来的信心会更有力量，因为这样的信心已经剥离了更多对于自己过去和现状的依赖。

一个人的成功或许有赖于命运垂青，有赖于贵人相助。但在那个机会到来之前，一定先要做好准备。准备好的，不仅是能力，还有信心。特别是在需要冲刺的关键时刻，在困难当前的压力时刻，在充满风险的决策时刻，信心，会让你脱颖而出。

想要拥有信心，不需打鸡血，只需要理性地看清生涯阶段，认真审视和分析自己，努力发挥优势。随着成绩的取得，成果的达成，自信的到来就是一种必然。当你认识到信心的价值时，它就会悄然出现，推动你向前。

你会发现，自信的你，就是自己的贵人。

08
做一个有价值的连接者

职场上，人与人的连接方式有很多种，有些是基于组织内部的上下级或者同事关系，有些是基于客户业务关系，还有一些是非职业、非直接利益的关系。当我们关注关系的时候，不妨注意一个角色：连接者。做一个有价值的连接者，往往会让你成为各类关系网中的焦点，也会连接到更多贵人。

自己有价值，你的连接才会被珍视

一场聚会，主题是为大家都认识的一位 HR 伙伴举办退休典礼。退休典礼，一般是由同事或家人组织举办，以庆祝一段职业生涯的完美收官。但这次的主办者既不是同事也不是家人，是 HR 联盟圈的"盟主"。来参加的也多为 HR 伙伴，于每一个人来说，路途都不近，从城市的最西边或者最东边横跨了大半个城市来到聚会地点。不可否认，除了友情，还有攒局者的个人影响力，让每一个参与者都愿意拿出周末的时间奔赴这样一场聚会，来与旧友相见，与新人相识。攒局者，就是连接者。

生活中这样的例子并不鲜见。如果有人为你介绍个相亲对象，你得先思量一下介绍人是不是靠谱；如果有人为你介绍个新工作，你同样也要考虑一下中间人能连接到什么圈层；有人给你介绍个客户，你要根据中间人的人品来评估要不要做这一单生意。每个人都有自己的圈子，身边高频率接触的都是自己圈层的人。当你作为一名攒局者或连接者出现时，对方首先要审视的是你的圈层、价值和影响力。

不妨观察一下身边比较有能力、有能量的连接者，看看他们的共性。他们本身就是某一领域或某一行业的佼佼者，有一定的影响力，他们身上的光环有自身的成功经历，也有乐于连接的亲和，更有为彼此带来更多价值的能力。这样的连接者，本身就具备着让人愿意靠近的价值。

你也一定见过这样的"连接者"，在各个社群中主动加好友，线下会议中要电话、要微信，让人不堪其扰。通讯录中躺着几千个名字，于他似乎内心满足，且常以人脉广、朋友多自居。但真正能重视他的人又有几个呢？或许对方在不好意思拒绝的前提下加了微信，随即将其列入了"不看他的朋友圈"组别。这样为了连接而连接，毫无意义。

对于初涉职场的年轻人来说，让自己成长为一个真正有价值的连接者，需要做到如下几步：

1. 建立自己的个人品牌

个人品牌不是资深人士或者专家头衔，而是在职场上易被识别的标签。虽然个人品牌影响力有大小，但是关注个人品牌的人就会努力通过"标签化"让自己的价值容易被识别。不用讲专业度，也不必谈资源的多少，这些方面，作为一个职场新人肯定比不上领域内的前辈。在职场新人群体中，你可以将自己打造成更靠谱、更踏实的形象。

每件事都能做得漂亮，周围人都愿意做你的贵人，你就靠谱了。

2. 主动拓展社交圈

你的圈子不应只有同学圈、同事圈，你还需要拥有更多的圈子，比如，有相同爱好的写作圈、健身圈；比如，有相同成长经历的同乡圈、校友圈；你还可以主动建立自己的圈子，比如，某一方向的学习圈等。在这些圈子中，尝试发现更多的有价值的资源深入连接，慢慢形成自己的社交圈层。

3. 持续提升自己的价值

除了通过职业成果来显示自己的价值外，持续学习和成长，做一位终身学习者，也是提升自己价值的重要方式。有人在大学刚毕业时就想，"再也不需要学习了，终于工作了"，似乎放下书本是一种解脱。进入职场之后才发现，原来学习不只是看书做题。看书、听课、请教、调研、考察、访谈，都是持续学习，都是在为自己增加筹码。

4. 全方位跟踪各类信息

别让自己成为一个装在套子里的人，固步自封。媒体信息如此发达的时代，练就一双慧眼去筛选捕捉前沿信息、热点话题。世界局势、经济走向、行业发展，乃至刚出炉的头条热搜、网络新词，都需要了解。对于各类信息的跟踪，绝不是为了获得一些酒桌上的谈资，而是把这些碎片信息进行筛选处理，整合进自己的知识系统。这些信息对应的，就是可以连接的不同圈子的人。

连接者，不限于行业，不限于职业，更不限于年龄和资历。连接者利他，也成就自己。职场的人际生态圈，本身就是一个不断形成、发展、更新的系统。作为职场新人，为了突破和发展，开启你的价值存储吧。

分享，是一种高级的连接

如果说连接是点对点之间的，那分享，就像是放射状喷发的烟花，一个点出去，影响一个面。站在台上演讲，是分享；开会时的发言，是分享；聚会时的表达，是分享；听课时的提问，是分享；读书时的总结，也是分享。当一个人分享的时候，信息就经由现场的、线上的、文字的、语音的、视频的、图片的，各类渠道传递了出去，也开始和确定的范围中不确定的人产生了你想到和想不到的连接。

我们看到的影视作品，读到的故事，终究会觉得离自己太远，但是在现实中就不一样了。身边的分享会对我们带来更多的触动。有一年，在益舍学院的年会上，50多岁的任国荣老师和许庆凡老师作为分享嘉宾，讲述自己50岁之后的成长经历，当时在舞台上分享的她们，一定没有意识到对听众的影响有多大。舞台上熠熠发光的她们，照亮了很多人。正是那一天的触动，让很多人开始新一轮的职业生涯探索，改变了50岁后的人生轨迹。

对于职场新人来说，多听听身边人的分享，就是和分享者产生连接，并且学习如何连接的过程。分享者可能是行业内的前辈，也可能是你平日仰慕的意见领袖。向他们靠近，寻找可以和他们一起参与行业分享、圈内培训的机会，也可以单独取经，寻求指点，他们的成功经验必然会成为你的前行引导，他们的失败教训也会帮助你少走弯路。

听别人分享的同时，也要让自己做一个乐于分享的人。有些分享成本高，要求的资源也比较多，但是影响面大，例如在论坛、大会上的演讲、发言。但还有些分享成本低，要求不高，不妨多做尝试，勤加练习。比如，开会时候的发言、读书之后的感受、项目会上的总结，这些都是身边的机会。

分享的前提是你有想要分享的愿望，可以分享的能力和适合分享的内容。平时就要培养感恩的习惯，多去感受生活的美好，从内心里就会流淌幸福的能量，能量满格时你会有分享的欲望。分享的前提是你要有内容去分享，如果腹中空空，一无所有，拿什么去分享呢？这就需要有学习、有积累、有真材实料，有内容才会有信心，有愿望、有信心，才会有分享的行动。通过分享，不仅仅会更加推动自我成长，你传递出的温暖和能量也会点亮更多人的生活。

分享，是一种善举，似无声的春雨滋润他人的生活；分享，是一种付出，如慷慨的秋果丰满他人的心灵；分享，是一座桥梁，有形或无形地连接了彼此的情感；分享，更是一份礼物，在传递和接受中体会着祝福。分享，是一种高级的连接。

成就别人，也就成就了自己

在职场中，我们可以通过帮助同事及客户解决问题、完成项目、提高工作效率等方式来成就别人。这样不仅可以让对方感到受到重视和帮助，同时也可以增强我们自己的能力和人际关系。如果我们能够在工作中展现出自己的能力和领导力，那么我们也会得到更多的机会和责任，从而提升自己的职业发展。从这个角度来讲，成就别人，也就是在成就自己。

销售员小李在与客户沟通的时候，得知对方对某个产品有需求，但是这个产品不属于他们公司的业务，而是下游供应商的一个产品。于是，小李就主动联系公司供应商的销售，介绍他与客户产生连接，最终促成了双方合作。虽然小李并没有从这项业务中获得业绩，但是从此以后，不管是客户还是供应商，都加强了和小李所在公司的合作。

我们看，小李的连接者作用就发挥出来了。

志伟在读 MBA 的时候，就积极与同学和校友建立连接，还经常组织同学聚会。毕业后，他发起成立了学校的 MBA 校友联盟，两年后，他联络了更多高校的商学院，把这个社群组织扩大到了全省范围。在这个联盟里，大家一起读书，不定期地做一些线下活动，有时候，还会组织一起出游。课堂上、饭桌上、旅途中，都是大家交流的空间。在这期间，志伟把联盟的组织做得越来越健全，分成了好几个部门，每个部门都有能量很强的校友来担当重要角色，而且定期轮值。在这些活动中，志伟的连接者作用越来越突出，他非常热心，大家有什么需求都经常会找志伟帮忙连接。在成就大家的同时，志伟也在成就自己。

都说"予人玫瑰，手有余香"，但是，在送人玫瑰之前，得自己先有一束玫瑰。帮助新同事熟悉办公环境；帮助不会操作系统的司机老王提交出车记录；给还在加班的同事点一份外卖；主动问候心事重重的客户……这些事情虽小，却是需要你的用心、主动、热情和耐心。这些就是你手中的玫瑰。

作为一个有价值的连接者，需要有洞察他人的细心、乐于助人的品质、丰富的知识、专业的技能、广泛的人脉、积极向上的能量，这些都是你手中的玫瑰。虽然你对自己的善举并没有过多期待，但你给予他人的温暖也一定会得到回馈，更多的朋友也会因此聚集到你身边。

做一个有价值的连接者，就是擎起火炬，给他人照亮。当你的连接对别人有价值的时候，你就成了别人的"贵人"。

POSTSCRIPT

后 记

2024 年的第一天，收到了这本书的样稿。百转千回，终要尘埃落定。

从一个不敢说出口的梦想，到一年"卡姐有约"专栏文稿的交付，再到一本书的完成，那一句"路虽远行则将至，事虽难做则必成"的箴言，在我这里再次得到验证。

职业生涯 20 多年来，我一直在 HR 的岗位上奋进。经历过自己的年少轻狂，也领略过他人的锋芒毕露；感受过自己的志得意满，也旁观过他人的意气风发。随着年龄的增长，随着"退休"那个词的逐渐接近，我却常常迷惑：我是要这样悄无声息地"洗洗睡了"，还是想办法让自己内心的那团火再燃一把？总觉得自己还有大把力气没用完，还有一大堆话没人可分享，就这样退场，着实有点不甘心。

我该如何点燃热情？如何分享经验？二十多年的职场经验，二十多年的 HR 视角，由心而生的助人情怀，追求价值的内在动力……这一切，都在我遇到赵昂老师之后，找到了喷薄而发的出口。

年轻时，同事给我的评价是"表情严肃，不好接近"，现在我听到最多的反馈是"亲和力强，温暖平静"。我知道这不仅仅是因为年龄，更因为视角，因为认知，或者说因为格局。近些年，我更多地关注了职场新人群体，关注他们的职业选择，关注他们的职场适应和发展。我见过频繁跳槽、不断换行的自由人；也见过不懂规则、游离于组织之外的落魄者；我见过有人幻想着关系的万能；也见过有人对机会的执着期待。

每当看到这些，我就很着急。我羡慕他们青春正好，阳光四射，但又遗憾他们差那么一丢丢的"点拨"。我假想着，这一丢丢的"点拨"，会让他们更加畅游自如。这点拨不是来自于家长，也不是来自于上司，而是来自于局外的一个明眼人；这点拨不是说教，不是要求，无非是换个角度，换个思路，就像是我们当年困惑于几何题中的一条辅助线，解题时经老师一分析，恍然大悟：原来这么简单，我怎么没想到？

如何实现这来自"局外辅助线"一般的点拨呢？受限于各种现实条件的约束，通过书籍、通过文字或许是一种最便捷、成本最低的方式了。我们把这本书的读者聚焦在职场新人，列举了在真实职场情境下最常出现的问题，比如：领导交待任务时很含糊怎么办？第一次面谈时都说些啥？如何识别你的职场贵人，以及如何面对那些简单重复的工作。我们希望这本书能成为职场新人入职后的一本指南，如果有相似问题时不妨翻出来看看，希望为他们提供更多的解题思路。

我们与高校的就业指导老师交流时，常听到这样的反馈：我们非常希望企业的管理者能来到学校，给我们的同学们讲讲真实的职场是什么样子的。与年轻人的家长交流时，常有这样的诉求："你能不能给我的孩子讲讲上班后该怎么做？我说什么他都听不进去，但我真的很担心他什么也不懂啊。"

我们理解这些期待和担忧，也尽可能地在书中呈现出职场上出现的各类真实问题。我们抛出一条条辅助线，任由他们比照衡量。如果您是老师，不妨把这本书作为礼物送给您的学生，这是师恩的延续；如果您是家长，更应送一本给您的孩子，您关心的事，您说了他不听的话，我们在书中都替您唠叨过了。

写后记的此时此刻，有冬日午后的阳光照在脸上。回想这一路走来的过往，内心也是波澜起伏。

感恩我就职的公司，让我从一名 HR 一路成长起来，集团理念给予我很大影响，"为下一代的成长做出贡献"，不只是一句口号，更践行在我们的行动中。

感谢我成长路上的领导和同事、同行，你们给予我很多信任和支持。

感谢机械工业出版社生活分社社长王淑花女士和编辑王炎先生，你们的一路支持和帮助，使得这本书能够如期出版。

最后，特别感谢赵昂老师，在我的"人生拐角"与您遇见，让我重新看到自己的价值，让我重燃职业热情，也让我的梦想照进了现实！

维卡

2024 年 1 月 2 日

参 考 文 献

［1］大久保幸夫. 十二个工作的基本［M］. 程亮，译. 南昌：
江西人民出版社，2016.

［2］大石哲之. 靠谱：顶尖咨询师教你的工作基本功［M］.
贾耀平，译. 南昌：江西人民出版社，2017.

［3］岩濑大辅. 99% 的新人，没用心做好的 50 件事［M］.
千太阳，译. 北京：中信出版社，2013.

［4］近藤悦康. 向上管理的高手［M］. 吴限，译. 北京：人
民邮电出版社，2023.

［5］芭芭拉. 金字塔原理：实战篇［M］. 罗若苹，译. 海口：
南海出版公司，2019.

［6］哈佛商业评论. 职场新人生存宝典［M］. 杭州：浙江
出版集团数字传媒有限公司，2018.

［7］崔璀. 职场晋升 101［M］. 南京：江苏凤凰文艺出版社，
2022.

［8］王征. 工作突围：帮你解决 90% 的职场问题［M］. 北
京：北京大学出版社，2020.

［9］小川叔.能成事的人，都能扛事儿［M］.成都：天地出版社，2021.

［10］丹尼尔.像高手一样行动［M］.何蓉，译.北京：中国纺织出版社，2021.

［11］脱不花.沟通的方法［M］.北京：新星出版社，2021.

［12］侯小强.靠谱：成为人群中的前5%［M］.北京：台海出版社，2022.

［13］熊太行.掌控关系［M］.北京：北京联合出版公司，2020.

［14］薛毅然，陈舒扬.职场真话［M］.北京：中信出版社，2022.

［15］赵昂.人生拐角：生涯咨询师手记［M］.北京：机械工业出版社，2022.

［16］赵昂.富足人生：智慧进阶的十二堂课［M］.北京：机械工业出版社，2023.